挑戦のススメ

堀木エリ子

創作和紙：シーリングライト（見上げ）
撮影：市川かおり

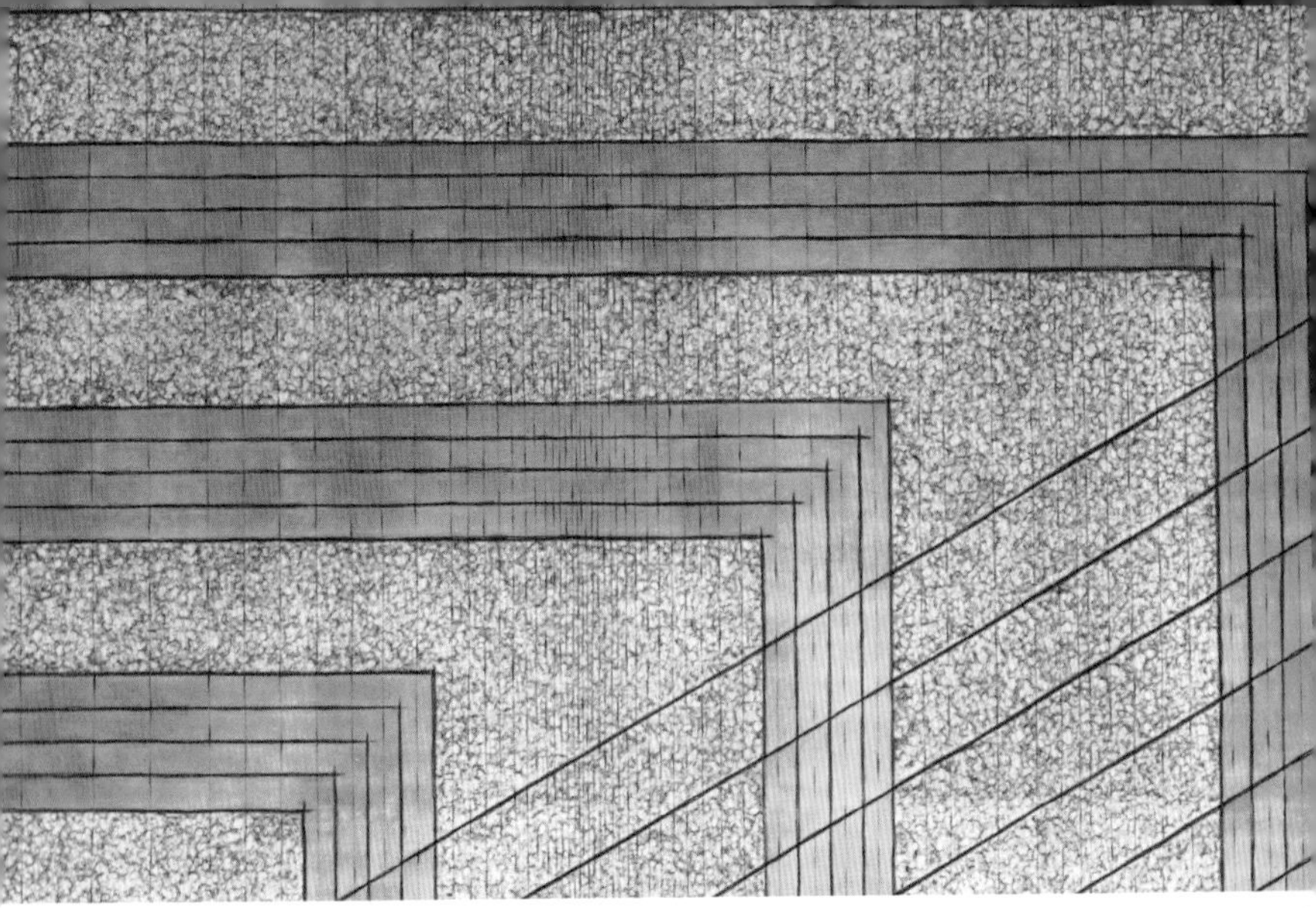

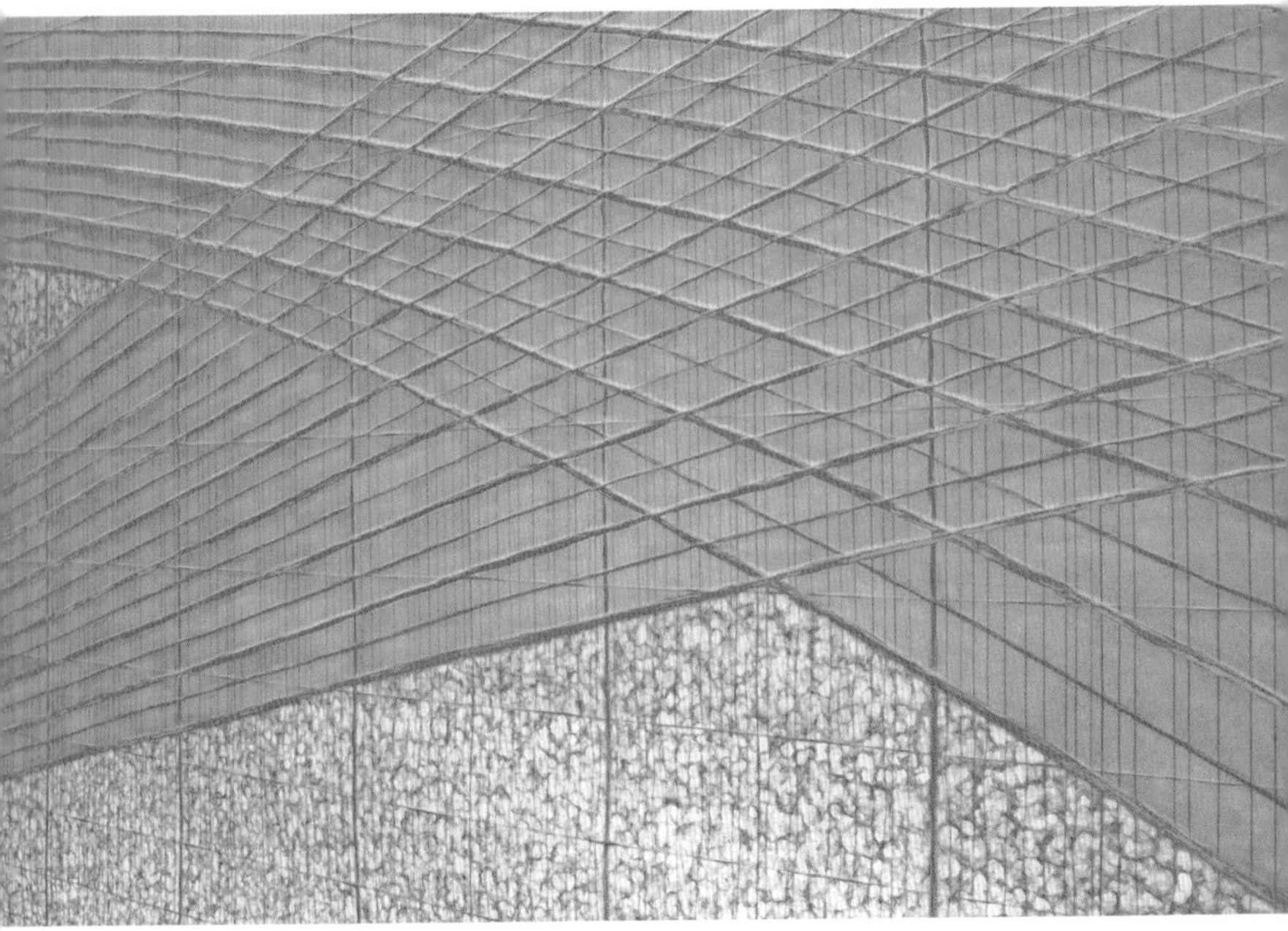

(上) 繊維の凹凸を活かして漉く、現代和紙の質感（バックライト）　撮影：淺川敏
(下) 繊維の凹凸を活かして漉く、現代和紙の質感（フロントライト）　撮影：淺川敏

（上）全長15メートルの巨大和紙タピストリー「moon」　撮影：淺川敏
（下）映像を投影した、直径10メートルの和紙光床「sun」　撮影：日向俊郎

立体的に和紙を漉くきっかけとなった卵型オブジェ
撮影：淺川敏

「挑戦」に挑むあなたへ
「挑戦」をためらうあなたへ

はじめに
「好きを仕事に」より「仕事を好きに」

私は伝統産業である和紙の世界で仕事をしています。
極寒の中、工房で冷たい水を扱いながらの作業は、「寒い」「腰が痛い」「朝早くの作業は嫌だ」「体力勝負の仕事は辛い」と言って、なかなか従事してくれる人がいません。しかも、なぜか男性社員は大粒の涙を流して辞めていくので、現在は女性のみ、十人程度で大きな和紙を漉き、工事現場で力仕事をこなしています。

多くの場合、「この仕事は自分には向いていない」とか、「好きな仕事を見つけたい」と言って辞めてしまいますが、好きなことを仕事にしたいというものの、好きな仕事が見つからないから、転々と職場を替えてしまう人が多いようです。

私は思うのです。

実は、「好きを仕事」にするよりも、「仕事を好き」になればよいだけなのです。

そして、仕事を好きになるためには、仕事の中で自分が挑戦すべきことを見つけて、とにかく、「やってみること」が大事なのです。

人間の体の機能は、とてもうまくできています。

だから、眼球に映っているだけのことでも見たと勘違いをしたり、鼓膜が揺れているだけの現象でも聞いたと勘違いをして、見た、聞いた、と思ってしまうことは少なくありません。

でも、実際には、見ようとして見ないと見えないし、聞こうとして聞かないと、聞こえないのです。

常に「有意注意」で、ものごとと接していれば、同じ場所で同じ時間を過ごしても、自分が得ることのできる経験や感性の度合いは、大きく違ってきます。スマホやパソコンでの情報も大いに役に立つのですが、目で見て、耳で聞き、手足で動いてみなければわからないことは、山ほどあります。

やってみなければわからないことは、とにかくやってみるといいのです。そのときに、目を凝らし、耳を澄まし、臭いを嗅ぎ、手の感触に集中していれば、たとえ結果がどうであれ、その中に、次の興味につながる新たな発見は必ず存在するものです。

小さなことでも、新たな挑戦をすることで、人の役に立つ事柄に必ずつながっていきます。

自分は何をするべきか、挑戦すべき課題が見つからないという人も多いように思います。私の体験や考え方が、挑戦のきっかけや、仕事への取り組み方の参考になれば、嬉しく思います。

堀木エリ子

目次

Chapter 2

「できない」を捨てると、「できる」しかなくなる

Chapter 3

利己から利他に

Chapter 1

天職とは、覚悟だ

人生で大切なものは、「ご縁」と「腹の底から湧き上がるパッション」だ。

ものごとは、人やものとの出会いからしか始まらない。
言い方を変えれば、ご縁だ。すべては、日々出会うご縁から生まれる。
しかし、出会うご縁すべてに興味があるわけでもなく、せっかくよい出会いがあっても、躊躇する人がたくさんいる。

自分にある程度の能力や地位がないと、しかるべき人とは会えないんじゃないか。たとえ、会う機会があっても、自分はまだまだ力不足で、いっしょに仕事などさせてもらえないんじゃないか。だから、その日のために、もっともっと知識や技術や経験を身につけてからでないと会えない、と諦めてしまう。


わたしが和紙の会社を興したとき、わたしは、高卒で銀行の一般職として四年間勤めたことがあるだけの女の子だった。

和紙のことを何も知らなければ、アートの勉強をしたこともない。もちろん、経営のことなんてわからない。アーティストとしても、デザイナーとしても、経験や知識や能力などまったくなかった。資質があったかどうかすらわからないし、資質について言えば、いまでも疑問だ。

ただ、たまたま関わることになった和紙の世界で、このままでは、手漉きの和紙の尊い伝統が廃れてしまうのではないか、職人さんたちの仕事もなくなってしまうのではないかという危機的状況に直面することになって、なんとかしたいと思った。できることはまだまだあるはずなのに、ほかにする人がいないのだったら、自分がするしかないと思った。

何の能力も経験もないわたしだったが、パッションだけはあった。それも生半可のパッションではなかった。

たまたまであれ、なんであれ、関わってしまった以上、「わたしがなんとかしなければ！」という強い使命感が生まれ、それを果たすべく、「腹の底から湧き上がるパッション」があふれた。

ものごとは、
人と人との一対一の出会いからしか生まれないのだが、
そこにパッションが伴わなければ、
せっかくのご縁も広まらないし、深まらない。

よく、あの人は運がいいと、みんなから羨ましがられたり、ときには妬まれている人がいるが、そんな人たちには、みな一様にパッションがある。

運がいいと言われている人で、うつむいている人はいない。

「棚からぼた餅」というが、棚から離れていたら、落ちてくる餅も受け取れない。

ぼた餅が落ちてくるときに、棚の下にいる努力が必要だ。

縁は運だといっても、何もしないで受け身で待っているのでは、縁も運もやってこない。

運は、ご縁から。ご縁は、運から。

高卒で住友銀行の窓口業務をしていた二十歳前後の頃。ときは、まさにバブル。わたしは、聖子ちゃんカットで、モデルのバイトをしたり、毎週ディスコに通ったりするミーハーな女の子だった。

最初のご縁は、そのディスコで出会った、踊りのうまい名物お爺ちゃんから、「息子がこれから興す会社に、経理としてきてくれないか」と誘われたこと。

それは、手漉きの和紙製品の制作から販売までを行う小さな会社だった。

ところが、その会社は、二年間で潰れてしまう。素晴らしいデザインの和紙製品を作っても、半年後には安価で大量にできる機械で漉く和紙製品に、あっというまに駆逐されてしまうのだ。

そのとき、思った。

このまま手漉きの和紙は廃れていくのだろうか。
職人さんたちの千五百年にわたる尊い技や営みはどうなるんだろう。
手漉きの和紙の世界にすっかり魅了されていたわたしは、和紙の伝統も職人さんたちも守りたい、守らなければならないと思った。
誰もやらないなら、わたしがやるしかないのだ。

そうして、わたしが和紙の仕事を引き継ぐことにした。そのとき、前社長から紹介を受けた呉服問屋さんとの大きなご縁が、わたしの人生を後押ししてくれた。その呉服問屋の一事業部として、和紙のブランドを立ち上げることができたのだ。

二十代のまだまだミーハー色を残す小娘のわたしが、なぜ、出会って間もない呉服問屋の社長を動かすことができたのか？
それが、腹の底から湧き上がるパッションだった。

ディスコで出会った名物お爺ちゃんの息子さんの会社で、経理をしながらデザイナーの仕事を初めて間近に見て、「へえ、デザイナーって、こうやって絵を描くのか」と感動した。
産地に行って、職人さんの仕事を見たときは、感動を通り越して、衝撃を受けた。水の力を利用して厳寒の工房で体から湯気を上げて漉く職人さんの姿と和紙の美しさに、日本のものづくりの本質を見た。

その仕事が、機械化に追われてなくなってしまう？

和紙の世界をなんとかしたい、という使命感。
そこから湧き上がる、私心なきパッションだった。

いくらパッションがあっても、それが利己的な野心から生まれているものである場合、必ずしも相手を動かすことはできない。

いまから思えば、日本の伝統産業に対する使命感から湧き上がるパッションに、呉服問屋の社長が可能性を感じてくれたのだろう。

新ブランドへの投資に対して、その期待に応えたいという使命感がさらに加わった。

最初の一年で、そのブランドは、三千万円もの赤字を出してしまうことになるのだが。

天職とは、見つけるものでも、向こうからやってくるものでもない。目の前の仕事に生涯をかけて取り組む「決心」と「覚悟」だ。

「堀木さんは、パッションを持つにふさわしい対象が見つかったからよかったですね。でも、たとえば、銀行の窓口業務のままだったら、そうはいかなかったたんじゃないですか？」と言われることがある。

わたしはそうは思わない。銀行の仕事でも課題を見つけ、その解決を期待されたら、嬉々として取り組んだはずだ。対象の問題ではないのだ。

もし、パッションを傾けるべき対象がないから自分は情熱的になれないのだ、という人がいるとしたら、それはただ、「自分はこの仕事に生涯をかけて取り組む」という決心や覚悟を持って向き合っていないからにすぎない。

「生涯」という考え方が難しければ「三年間は人生をかけて取り組む」という覚悟でもよいのだ。

「好きなことを仕事にできてよかったですね」ともよく言われる。

でも、わたしは、和紙が好きで、和紙に魅せられて、この仕事に就いたのではない。ひたすら使命感からだ。

いまのわたしは、職人、デザイナー、ディレクター、営業、社長……。一人で何役もするが、いずれも「せざるを得ないこと」を積み重ねてきた結果だ。

わたしの作品に芸術性を認めてもらえるのは嬉しいことだが、デザイナーになりたい、芸術家になりたいと思って、いまの仕事をしてきたわけではない。

工房で紙を漉いて新技術を開発したのも、ヘルメット姿で和紙を担いで足場に上がるのも、ほかにしてくれる人がいなかったからだ。誰かがやらなければ、素晴らしい和紙の文化がなくなってしまう、という切実な使命感からだ。

「天職って、どうやったら見つかるんですか？」ともよく聞かれる。

しかし、天職は、見つけようと思って見つかるものでもなければ、向こうからやってくるものでもない。天職は「覚悟」だ。

生涯をかけてこの仕事をやると決意し、覚悟することが、天職となる。

わたしには、和紙に取り組んでいくと決めた時点で、和紙の未来を切り開く仕事をやめるという選択肢はなくなった。

いまの仕事が好きだと、自分に暗示をかけてでも、続ける。
つらくても苦しくても、とにかく続ける。
すると、それが天職となるのだ。

天職とは、好き嫌いではない。向き不向きでもない。
ただ、それに生涯をかけて取り組むと、
覚悟を決めることだ。

どんな仕事にも、挑戦のタネがある。それを自分で見つけていくこと。するとそこに、パッションが芽吹く。

では、具体的に、どうしたら、いま、目の前の仕事にパッションを持つことができるのか?

それは、単純明快だが、自分なりの目的を見つけることだ。

銀行の窓口業務をしているときに恵まれていたのは、ノルマというわかりやすい数値目標があったことだ。何件の定期預金をとるか、いくらとるか、それに向かって、自分で進んでいくことができた。そして、自分なりに考える。

どうしたら達成することができるか？
できないとしたら、その理由は何なのか？
できない原因を解決することができるのか？
その目的達成は、会社にとってどういう意味があるのか？
社会にとっては役に立つのか？

どんな職種でも同じだ。仕事の内容なんて関係ない。
もっと効率よくするには？
相手に対してイライラ待たせない方法は？
お客さんをもっと喜ばせるには？

どんな仕事にも、つねに必ず改善すべき点がある。挑戦すべき課題がある。
それを見つけて自分なりに考える。そして、そこに向かう。
日々挑戦だ。
その挑戦がパッションを生む。

自分で目的を見つけることができれば、
そこに向かってパッションが生まれるのだ。

そんなふうに自分で見つけるのも能力だと言ってしまえばそうかもしれない。
でも、その「能力」を持つのは難しくはない。
ただ、見つけようと思えばいい。見つけようと思えば見つかる。

目的を見つけようという意識を持つことが大切だ。

ただし、パッションが生まれやすい目的と生まれにくい目的というのはある。

それは、それが誰かの役に立っているかどうか、という視点だ。

自分だけが得するような目的よりも、社会のため、お客さまのために、どうすべきか？　を考えたほうがパッションが生まれやすい。


つまり問題を解決する使命感だ。

パッションが生まれるにも、それを維持するのにも、「使命感」が必要だ。

パッションが折れるときはある。
そんなときは、
原点に戻って、とにかく、
自分を納得させる考え方を探すのだ。

わたしにも、パッションが折れたときはある。

呉服問屋の事業部として和紙のブランドを立ち上げて、仕事を始めたものの、初年度で三千万円の赤字を出してしまった。わたしとしては、三年間の事業計画の中で、初年度は投資のときなのだから、と思っていたが、出資する側はそうは甘くない。

「いまここでやめるか、あるいは、あと一年続けるか。ただし、続ける場合、もし来年も赤字が出たら、今年の赤字三千万と、来年出るかもしれない赤字をお前が支払って出ていけ」

つまり、いまやめればわたしの借金はゼロだが、来年やめることになったら、三千万に加えて、何千万円かの赤字を背負うことになるぞ、と言われたわけだ。

それはたしかにショックではあったが、わたしのパッションが折れたのは、赤字が出たことそのものではなかった。

どうしようかと相談した友人たち全員から、「やめておけ」と言われたことだ。

「いまなら、自分は無傷で手を引けるのだから」と。

そして、彼らは言った。

「そもそも、なぜできると思っているのか、わからない。堀木は大学を出ていない。デザインの勉強もアートの勉強もしていない。ビジネスも学んでいない。職人のところで修業もしていない。なのに、なぜできるの？　できるわけないじゃないか」

みなにそう言われて、さすがのわたしも萎えた。

「それは、そうだな。そうだよな」と。

でも……と、そのとき、わたしを支えたのは、「使命感」だった。

このまま手漉き和紙が衰退してしまう前に、誰かがなんとかしなければいけない。

誰かが取り組む必要がある。それがわたしなのだと。

誰からも頼まれていない使命感だが、勝手にそう決めていた。

そして、考えた。何もわからないから、原点に戻って考えることにした。

専門の勉強をしていないからできないと人は言うが、そもそも、ものづくりの原点は何なのか。大昔の人は土偶や埴輪をどうやってつくったのか？
命に対する祈りや自然に対する畏敬の念から土をひねり、つくっていた。
大学に行って勉強したわけでも、プロのアーティストだったわけでもないはずだ。
畑を耕し、狩りに行き、子どもを育てる人々がつくったのだ。
だったら、わたしにもできるはずだ。できるに違いない。
そう考えた瞬間、再び、腹の底からパッションが湧き上がった。

パッションが折れそうになったら、
ちょっと視点を変えてみる。
そして、自分を説得するための考え方を
とにかく見つける。
原点に戻ってパッションを甦らせるのだ。

時代の要望に応えて、最高の結果を追求するなかで、新しい技術も、個人の能力も生まれる。

堀木さんのそもそものパッションの源は？　とよく聞かれる。
答えは、時代の要望に応えること。
自分自身で、これが欲しい、こんなものをつくりたい　という欲や発想みたいなものは、実はあまりない。

そのかわり、こんなことをしてほしい、と要望されたとき、あるいは、誰かがするべきことなのにそれをする人がいないという場合、直接要望されたわけではないが社会に要望されていると感じて、パッションの種になる。

ところが、わたしがこんなふうに言うと、意外な顔をする人が少なくない。

どうやら、人からの要望に応えることより、自分がしたいことを見つけて実現していくことのほうが偉いという価値観を刷り込まれてしまっているようだ。

でも、要望される人になるのは、じつは簡単なことではないのだ。なぜなら、周りが、この人にはできると思うから要望してくるのであって、できそうにもない人には誰も要望なんてしない。周囲から、あるいは、社会から要望されるところにまでなるのがたいへんなのだ。

それは個別の仕事の中でも、いつも起こる。

こういうところに、こういうものを、いつまでに、いくらでつくってほしい。

――仕事はつねに、クライアントからのさまざまな要望、多くの無理難題に、いかに応えていくか、ということが問われる。その要望の中で、自分の表現したいことや前例のないことへの挑戦を精いっぱいやる。

それは、「制約」と置き換えてもいいだろう。
制約の中で最高の結果を追求することがおもしろい。

制約がなく、なんでもどうぞ、予算もいくらでもあげるし、期間も好きなだけお使いください、と言われたら、戸惑ってしまう。挑戦にもならない。

制約があるからこそ、嫌だと思っていたことの中に好きなことが見えてきたり、不可能だと思うことの中から、なんとか可能にする方法を考えることができるのだと思う。

実際、新しい技術というものは、無理難題を解決することから生まれてきた。

そして、それは個人にとっても同じだ。

ほんとうにやりたいことなら、誰が止めても勝手に始めてしまうものだ。

それほどのやりたいことが見つからないのなら、周りから要望されたことをまずやってみる。

それは、たいてい、自分の思っていたものとは違うものなのだが、たとえ自分に向いていることだと思えないとしても、周囲はこの人ならできると思うから、要望するのだ。会社なら会社の中で、いま必要としているから、要望されるのだ。


わたしはいつも、要望されることに感謝している。

そして、それに応えていくことにパッションを感じる。


要望されなくなったら、つまらない。

次の要望を生み出すために、わたしは日々挑戦している。

自分のやりがいや幸せだけを仕事に求めているうちは、まだ子どもだ。

入社して一、二年で「この会社は合わないので辞めます」という人が増えているらしい。でも、それは考え方が違うのではないかと思う。

入社して間もないなら、社員が会社に合わせるのが当然だ。会社が新入社員に合わせなければならない道理はない。そもそも、合うとか合わないとか、そういう問題でもない。

わたしは、新入社員に必ず三年間は勤めてくださいとお願いする。なぜなら、最初の一年は仕事を教えてもらう期間、次の一年はひとりで仕事ができるようになり、三年目で人に教えることができ、本来は、そこから仕事が楽しくなるからだ。そして、自分の別のステップを考えるというのであれば、貸し借りのないよう、その責任を果たしてからにするものだ、と伝える。

この世の中には大人と子どもがいるわけだが、そこには、絶対的な境界線がある。成人式の話ではない。二十歳は社会的に大人になったというだけで、ほとんどの場合、精神や考え方は子どもだ。

では、何が大人と子どもを分けるのか？
それは、自分から社会を見るか、社会から自分を見るかが、境界線だと思う。
子どもは、基本的に自分のことばかり考えている。世界を自分中心に考える。
そして、うまくいかないことがあると、他人や周りのせいにする。

わたしがやりたいことは。
わたしが好きなのは。
わたしが、わたしが……。
それを言っているうちは、何歳であっても、子どもだ。

年齢とともに、新入社員から中堅社員へ、管理職へ、さらに経営陣へ、あるいは学生から社会人に、妻に、母親にと、社会的な立場や役割が変わっていけば、周りからの見え方も寄せられる要望も変わっていく。

そうした、社会から見た自分の役割、社会が自分に要望しているものを意識して、変化する要望に応えながら動けるようになる。そしてそのことを自分の悦びと感じることができる。

――それが大人だ。

自分が会社にどのように貢献できるか、ということを考えるのが仕事だ。そして、貢献できる場があるというのは、じつに有り難いことなのだ。

などと偉そうなことを言っているわたしも、ほんとうにそのことに気がついたのは、四十歳になったときだ。二十代、三十代の頃はわたしも、大義名分を持ちながらも、自分の楽しみや幸せのために仕事をしていた。

必死で自分のために何かに向かう時期は、人生の中でとても大切だが、四十代に入った頃から、それまでに活動をしてきたことを活かしながら、社会に対して何ができるかというスタンスで仕事をするようになった。

すると、見える世界が大きく変わった。

やりがいの感じ方も、結果の出方も変わった。

四十歳になったら、過去の経験や積み重ねを振り返り、自分から見る社会だけでなく、社会から見た自分の役割を考えてみたい。

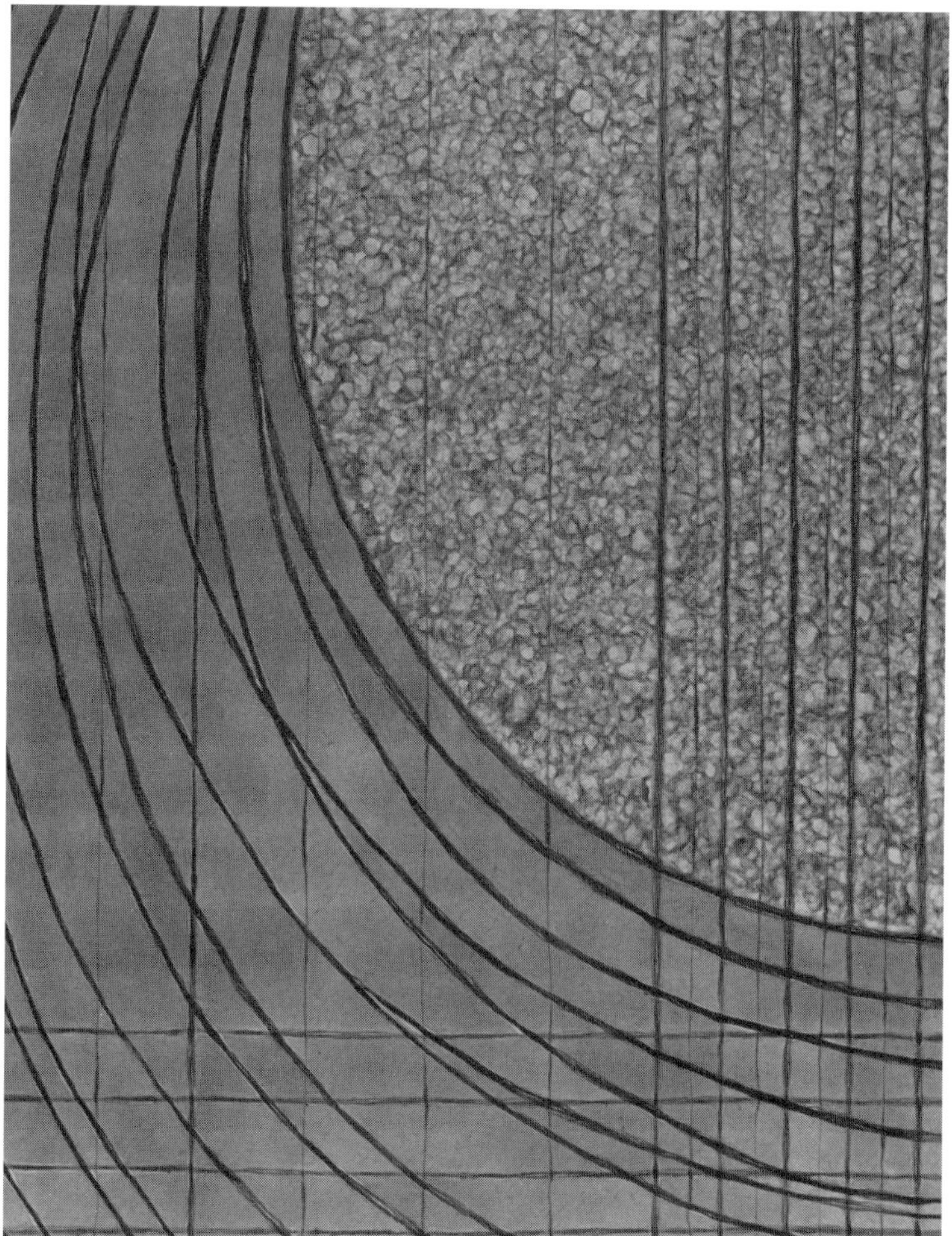

楮や糸を漉き込み、部分的に水滴で穴をあけた創作和紙。撮影：松村芳治

好きではないと思っていた仕事が与えられたら、それは、新しい自分を見つけるチャンス。

よく「好きを仕事に」というフレーズを耳にする。好きというのは、たしかに、その仕事に就くきっかけにはなると思う。

でも、好きなだけでは絶対に続けていけない。結婚といっしょだ。

十年、二十年、ずっと好きだと思っていられるとしたら、それは素敵だろう。しかし、なかなかそうはいかない。年月の中で、空気のような存在になったり、好きとか嫌いといった感情とは別のところで、相手を見るようになるだろう。

仕事もそうだ。

逆に、好きな仕事に就けなかったり、周囲の人から向いていないと言われることもよくあるだろう。

でも、わたしは、好きで和紙の世界に入ったわけではない。デザインや職人の仕事が向いていると言われたこともない。ただ、ご縁からこの世界に足を踏み入れることになった。目の前に課題があり、要望があった。だから、それに挑戦した。

思ってもみなかったことをすることになったとしたら、
それは、チャンスだ。
新しい自分を見つけていくチャンスだ。

わたしはそう考えてきた。そのように自分を切り替えていけばいい。

この仕事は好きではない、自分には合わない、という人の話を聴いていると、たいてい漠然としている。こういう仕事がしたいという場合も同じことが多い。いったいどういうところが好きなのか？　どういうところが嫌なのか？

分析してみることだ。

そうすると、つまらないと思っていた目の前の仕事の中にも、自分なりの発想や新しい可能性を実現していく部分が必ずある。

漠然と文句を言っているうちは、ただ、目の前のことに一生懸命取り組むことから逃げていると言われてもしかたないだろう。

そして、どうしても、仕事の何かを変えていきたいと思うのなら、自分がどう変えていけるのか、考える。

そして、挑戦することだ。

待っていても、相手は変わらない。
自分を変えていくしかない。
いつかは誰かがしてくれるという考え違いを改めて、
自分がするしかないのだ。

悪いことが続いたり、前向きにものごとを考えることができない時期というのは誰にでもある。しかし、何が原因なのかを具体的に拾い出し、自分が行動することによって、一つ一つ解決していけば、最後には必ずよい結果に結びつくと、わたしは信じている。

嫌だ、つらいという感情だけを募らせて辞めてしまったら、見えるものも見えてこない。

少なくとも、自分を変えられない時期の転職はしないほうがいいと思う。

仕事が趣味で何が悪い!?

趣味は何ですか？　と聞かれると、わたしは仕事だと答える。
怪訝な顔をされる。けれども、仕事が趣味でどうしていけないのだろう？

わたしに、プライベートと仕事の境はなく、
すべては、自分を高める時間だ。

そもそも、その二つは限りなく交差している。

もちろん、仕事以外のことを考えたり、したりすることもあるが、それらもプライベートな趣味に留まらず、仕事につながっていくものだ。

仕事とは、生計を立てる手段として従事する会社勤めだけではない。子育てや介護も人生の大切な仕事。妻として夫を支えることも地域の社会貢献活動も責任ある大きな仕事だ。その合間に楽しむゴルフや旅行は気分転換だ。プライベートがないとストレスを感じたり、躍起になって時間を捻出するものではない。

それでは、どのようにストレスを解消していますか？　とも聞かれる。

わたしは、仕事のストレスは仕事で解消する。

仕事が趣味、仕事のストレスは仕事で解決。

もっと多くの人がそう言えるようになると、人生の時間の大半を占める仕事がもっと楽しめるだろうと思う。

夢は語らないと、実現しない。

現実のものごとはすべて、まず、自分が頭の中で思い描くことから始まる。

思い描かなければ現実にはならない。
思い描いたことを言葉にすると、協力者が現れる。

人との会話の中で、いつも「自分はこんなことを考えている」と夢を語っていれば、ご縁が広がり、その夢をかなえることへの道ができていく。

人に話すことで頭が整理され、パッションが生まれ、人とのご縁を深め、拡がっていく。

こんな人間になりたい。こんな服を着て、こんな仕事をして、こんな家に住んで、こんな人と結婚して、こんなふうに子育てをしてなどと、具体的に思い描き、それを現実にするためにどうするのかと、より具体的に考えを掘り下げることで、より現実に近くなる。

「ああいう人になりたい」という、お手本になる人を見つけるのもいい。

そして、思い描いた道は、途中で変わってしまってもかまわない。

夢や目標がなければ、ただ毎日、時間が流れていくだけになってしまう。

人生を成り行きで過ごしてしまうのは、もったいないことだ。

夢の実現には、必ず誰かの協力が必要だが、もし、思い描く夢が、ただの利己的な願望だったらどうだろう？

それでは、協力者は得られない。
思い描く夢は必ず利他につながっていなければならない。

世の中にどう貢献するのかと、夢の原点を語らなければならない。

たとえば「わたしは有名なピアニストになりたい」という夢は自分自身の利己の夢だが、なぜ有名なピアニストになりたいのかと考えれば、「素晴らしい音楽で世界中の人を幸せにしたい」「日本人として世界に通用するピアニストの可能性を開きたい」など、利他に通じる理由がもっと奥にあるはずだ。
それを語らないと、協力者は現れない。

最初は、大義名分でもいい。
わたしは、大義名分でこの仕事を始めた。手漉き和紙の伝統を未来につなげたいと思ったのはほんとうだが、自分の生きがいや幸せを考えていなかったと言ったら、嘘になる。

でも、つまずいたとき、いつもこの大義名分の使命感がわたしを支えてくれた。

そして、いつしか、大義名分が血肉化していった。

こうあるべきと思って口に出していることが、自分の中でいつのまにか当たり前の思考になっていた。


不思議なことに、自分の生きる道を語り、目指す方向を言葉にしていると、自然にそのとおりになっていくものだ。

巡回展覧会「堀木エリ子の世界展～和紙から生まれる祈り」（2007 ～ 2009）撮影：松村芳治

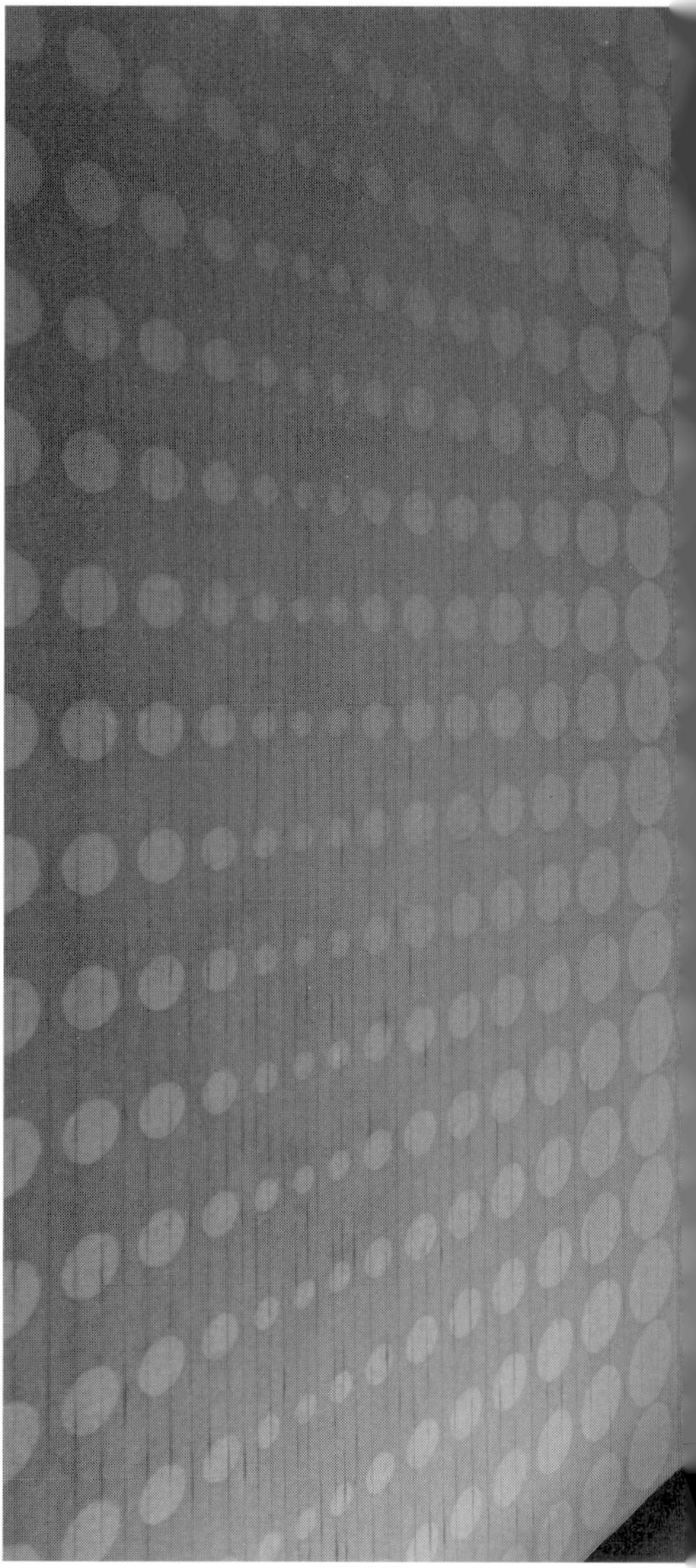

時代の「要望」に応えるということ。

堀木さんの夢は何ですか？　とよく聞かれる。
言うまでもない。時代の要望に応えることだ。
要望に応えることがわたしのパッションの種であり、そして、夢だ。

要望は、海外からくることもあれば、国内からのものもある。
一つ一つの要望に、相手の期待以上の形で応える。
同じことを繰り返すことは一度もない。

人から見たら、同じ和紙に見えるかもしれないが、必ず技術や表現を変えている。

毎回、前例のないことを前例に変えていく。
日々挑戦する。日々発見がある。
過去にできなかったことができるようになる。
それが楽しい。

新しい技術はすべて、そうして生まれ、可能性を拡げてきた。
だから、二十八年この仕事を続けてきても、いつも新鮮だ。
困難なことに直面しても、苦労しているという感覚はない。

わたしの会社には、要望を受けるための、いわゆる「営業」の部署はなく、担当者もいない。

日々、小さな挑戦を重ね、つねに前例にないことを繰り返していくなかで、その仕事を見た人とのご縁がつながる。この空間の内装を、堀木だったら、どうにかしてくれるんじゃないか、と新しい要望が舞い込む。

そういう意味では、受けた仕事そのものが、結果として営業になっている。

わたしの講演会を聞いた方やそのご紹介の方からの依頼を受けることもあるので、それも営業といえるかもしれないし、雑誌やテレビの取材も思いがけない人とのご縁をつないでくれる。

不思議なことにこの二十八年間、仕事が途絶えることはなかった。いま十人ほどの社員をかかえるわたしの会社では、毎年行なう経営方針発表会に、細かな売上げ目標や数字といったものはない。

手づくりの和紙制作は決して大きく利益の出る仕事ではないのだが、継続できていることは、有り難いことだと思っている。

そんなわたしにも、じつはいま、はじめて自分から売り込みたいと思っている「夢」ができた。

それは、二〇二〇年の東京オリンピックの聖火台やアプローチを任せてもらうことだ。

ハノーバー博覧会で和紙の車をつくった経験や、日々、燃えない、汚れない、破れない、退色しないなど、和紙の開発に向き合ってきた技術を生かして、日本の伝統産業である手漉き和紙の魅力や可能性を、世界中の人に見てほしいと考えている。

Chapter 2

「できない」を捨てると、「できる」しかなくなる

できるか、できないか、ではなく、
できるとしか考えない。
考えたあとに、とにかく行動すると、
何でもできるものだ。

困難なこともできるようになる秘訣があるとしたら、すべて、「できる」という前提で始めることだ。

「できるかな、できないかな」と思ったときは、
「できない」を捨てる。
そうすると、「どうすればできるのか?」と
考えるしかなくなる。
「できる」という前提で進めていくことになる。
すると、結局、できることになる。

和紙の会社を興すと決めたときから、そのように、できることを積み上げてきた。

「できないんじゃないかな」と不安に思ったときには、即座に「できない」を捨てる。

そんななかで、ハノーバー博覧会に出展するための「和紙の車をつくって」という要望は、正直、困難な壁だった。

なにしろ、外装も和紙で内装も和紙。つまり、シートもハンドルもホイールキャップも全部和紙。和紙ではない部分は、タイヤとトヨタの電気自動車の機器だけだ。しかも、会期中の二ヶ月の間、実際に毎夜、灯りをともして会場内を走るというのだ。それも最高時速一二五キロを出す機能を要する。ただのオブジェではない。さらに、その要望があったのは、納期のわずか一年前。一九九九年、会社を始めてから十三年目のことだった。

当時、立体的に和紙を漉く技術をすでに開発していたが、車体のカーブを忠実に表現して立体的に和紙を漉く技術はあっても、実際に屋外を走るとなると、雨も降れば、風も吹く。毎日ハンドルに触れれば手垢もつく。お尻と背中が触れるシートは、擦れもするだろう。さらには、会場内は、消防法で可燃物の納入が禁じられているのだ。

「どうして、そんな仕事受けてしまったの？　もし、一年経って、できませんでしたってことになったら、それこそ補償問題で、会社も吹き飛ぶよ」と、周囲の人みなに言われた。

でも、そのときも、まず「できない」を捨てた。

迷っていたら、ああだからできない、こうだからできないと、できない理由しか浮かんでこない。

それよりも、できる前提で、一つ一つ障害をクリアしていく方法を考えた。

燃えないようにするにはどうしたらいいか？

汚れないようにするにはどうしたらいいか？

破れないようにするにはどうしたらいいか？

ドアの開け閉めに耐えられるようにするにはどうしたらいいか？

雨風に耐えられるにはどうしたらいいか？

どれも最初はまったくわからなかった。未知の領域だった。

失敗を繰り返しながら、ああすればできるのではないか、こうすればできるのではないかと一つ一つ考え、工夫し、実験し、解決していった。

この話をすると、「堀木さんだからできた。でも、わたしには難しい」という人がいるが、飛行機だって、最初に空を飛ぶ乗り物をつくろうと思って実際に取り組んだ人は、その時代には気でも触れているのかと思われたに違いない。でも、「人間は空を飛べるんだ」と信じて、「できる」という前提で飛行機づくりに挑戦し続けてきた人たちが時代のバトンを渡しながら存在してきた。だからいま、わたしたちは空を飛んで、海外に移動することができる。

できるという前提でものごとを進めること。
それが、できないことをできることに変える
唯一の方法だ。

ハノーバー国際博覧会日本館展示作品「ランタンカー螢」(2000)
発案・デザイン / 山本容子

何事も、「できる」前提で進めることでその後の展開が劇的に変わる。

「できる」前提で進めるというのは、難しい技術開発に限ったことではない。仕事に限ったことでもない。

人生のすべてにおいて、世の中には、「できない」思考から始めて、できない理由を探す人と、

「できる」思考から始めて、どうしたらできるのかを考える人がいる。

たとえば、事務職の女性が、わたしのショールームの予約について「明日二時に伺いたい」という電話を受けたとする。

そのとき、「あいにく先約があって埋まっております。次回また、ぜひよろしくお願いします」と言って電話を切るとしたら、それは、ショールームを見てもらわないことを前提に応対していることを意味する。

これに対し、見てもらうことを前提に応対すると、どうなるか？

「申し訳ございません。二時はあいにく先約がありますけれども、その日でしたら、午前中はいかがでしょうか？　それとも、四時はいかがですか？」

この応対ならば、先方も予定を変更して来てくれるかもしれない。するとそこで新しいご縁が生まれ、いろいろなできごとに発展していくかもしれない。

つまり、ふだんの会話ひとつとっても、「できる」前提で話すか、できない前提で話すかによって、結果は大きく違ってくるということだ。

だから、どんな小さなことでも、
どんなに大きなことでも、
一つ一つ「できる」前提で考えて、
「できる」前提で動く。

個人の人生も、世界を変えた技術革新も、誰かの「できる」という前提によって生まれ、前進してきた。

巨大な和紙は、人やものの背景となり、独自の空気感を生み出す。

障害にぶつかったら、いつも原点に戻って考える。するとかならず、違う景色が見えてくる。

障害にぶつかったとき、わたしがとる方法は、いつも同じだ。それは、「原点に戻ること」。原点に戻って考えることだ。

二十四歳のとき、思いがけないご縁から関わることになった和紙の会社が、閉鎖に追いこまれた。

でも、その会社で知った和紙の伝統をこのまま絶やしてしまってはいけない、和紙の活性化に取り組んでくれる人が誰もいないなら、わたしがするしかない、そう思って、紹介を受けた呉服問屋さんで事業部を立ち上げ、芸大でグラフィックを専攻していた新卒の女子を採用して、起業した。

ところが、起業をしたものの、わたしは高卒で銀行員を経て経理をしていただけの職歴の二十四歳。和紙のことも、経営のことも何も知らない。

さて、どうするか?

そこで、原点に戻って考えることにした。

前の会社がなぜ潰れたのか?

そこを直視しなければ、同じ運命を辿ってしまう。

手漉きの和紙でどれだけいいものをつくっても、すぐに機械漉きの類似品が追ってきて、結局価格で負けてしまうという現実が、そこにあった。

職人さんたちは、「機械漉きなんて、あんなもの偽物や」という言い方をするが、一見、手漉きの和紙と変わらないようなものが、安く大量にできる。それは紛れもなく、機械漉きが手漉きに勝る事実であり、それが、手漉き和紙が直面する現実だった。

では、もし、高価でも手漉きの和紙を選ぶとしたら、いったい何がその理由となるのか?

つまり、機械漉きより優れている点とは何なのか?

すると、手漉き和紙の二つの優位性が見つかった。

ひとつは、長く使っても強度が衰えないこと。

もうひとつは、長く使えば使うほど質感が増すことだった。

つまり、手漉き和紙の強みというのは、長い期間、丈夫で美しく使えることにあったのだ。

わたしが勤めていた会社では、手漉き和紙の新しい可能性を切り開こうといろいろなジャンルに挑戦していたが、おもに制作販売をしていたのは、レターセットやラッピング用品、祝儀袋など、一度限りの商品だった。

それでは、長く使えば使うほど質感が増すことや強度が衰えないなどという手漉き和紙の特性を活かすことができない。そのため、一年後には機械漉きの類似品に追い抜かれた。

長く使う商品領域こそが、手漉き和紙の生きる道だ。

では、長く使う商品とは何なのか?

そのように考えを進めていくことで、建築インテリア素材という方向性にたどりついた。そして、建築インテリアという領域に特化して勝負をしなければ勝てないという結論に至った。

そこからがまた、障害の連続だったのだが、ひとつ壁にぶつかるたびに、原点に戻って考えた。

なぜ？　という思考を繰り返し、原点へと遡っていった。

すると、必ず解決策が見つかった。


原点に戻って考えること。

すると必ず、違う景色が見えてくる。

「旧そごう心斎橋本店１～２階」(2005)／全長28メートルのライトオブジェ。撮影：松村芳治

原点に戻って、自分の仕事の本質を考える。そこから革新が生まれる。

手漉き和紙の生きる道を建築インテリアの分野に決めたものの、建築素材となると、魅力ある多種多様な素材が現存する。施主の立場に立ってみれば、さまざまな選択肢があるなかで、わざわざ手漉き和紙を選ぶ理由がなければ使ってもらえない。

そこでまた、原点に戻って考えた。

和紙は日本の伝統産業とされてきた。日本家屋の中でも長く愛されてきた。時代を超えて愛されてきたからには、理由があるはずだ。


日本家屋のなかの和紙といえば、代表的なものは障子だろう。では、障子の魅力とは何だろうという原点を見直してみる。

垂直に交わった細い木の桟と白い和紙が織りなす、凛としたたたずまいは、シンプルで機能性を備えた形状美だ。

さらに障子の魅力は、透光性のある和紙を通して部屋に入る光と影の移ろう姿にある。

障子越しに入るまろやかな太陽光。

春は、庭の若葉の色を映し、秋は紅葉の色を映す。

一日の中でも、太陽の傾きにつれて影が移ろい、朝の白い光から夕焼けの赤い光、やがて、藍から闇へ、そして、月の光へと、室内の気配が移ろう。

その移ろうさまは、情緒や情感という美しい言葉で表現され、日本独自の美学になっていったのではないか？

つまり、「移ろい」こそが、和紙の本質だ。

地下などの太陽光の入らない空間では、和風を演出するために壁に障子をはめ込んでいたりすることも多いが、それは障子という形態を模写しただけで、障子本来の魅力を取り入れたものではないのだ。

では、そうした太陽光の入らない場所で、和紙本来の美を表現するにはどうしたらよいのか。

そこで、移ろう和紙をつくろうと考えた。三層から七層の異なるデザインの和紙を漉き重ねて一枚の和紙をつくる。

和紙の表面からライトを当てると、一層目のデザインしか見えないが、何層か重ねた和紙の後ろからライトを当てると、残りの層が徐々に前に浮かび上がってくる。タイマーや調光器をつかって、光りによる移ろいを表現するのだ。

わたしは、自分が和紙をつくっているとは思っていない。和紙という「モノ」ではなくて、和紙が醸し出す「環境」をつくっている。

和紙のこちら側の空気感、和紙の向こう側の気配という環境をつくる。それがわたしの仕事だ。

LEDなど最先端の技術と伝統的な和紙の組み合わせにより表現の可能性もどんどん拡がっている。

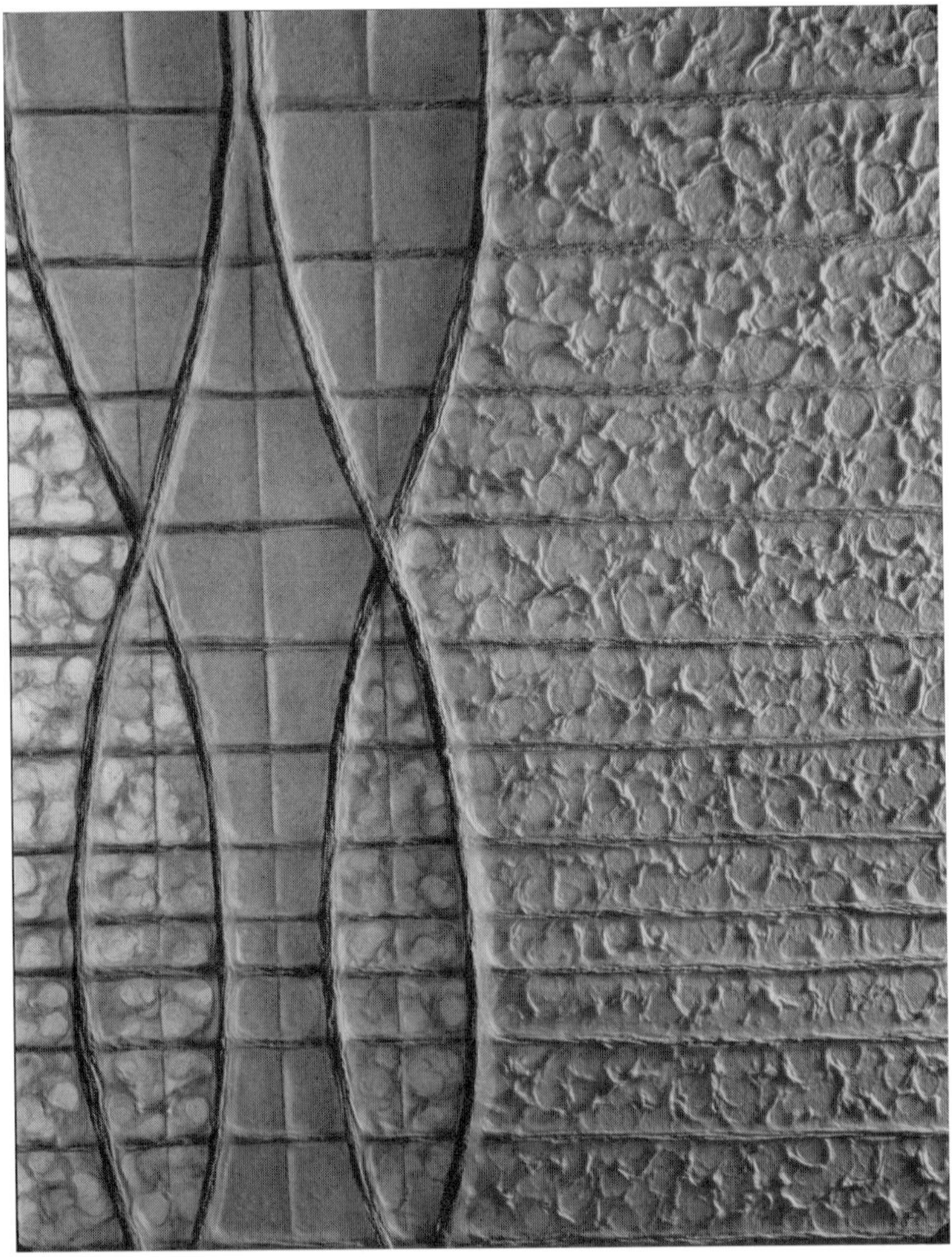

革新的な方法によって生み出された創作和紙は繊維の凹凸を活かして和紙の質感を強調する。

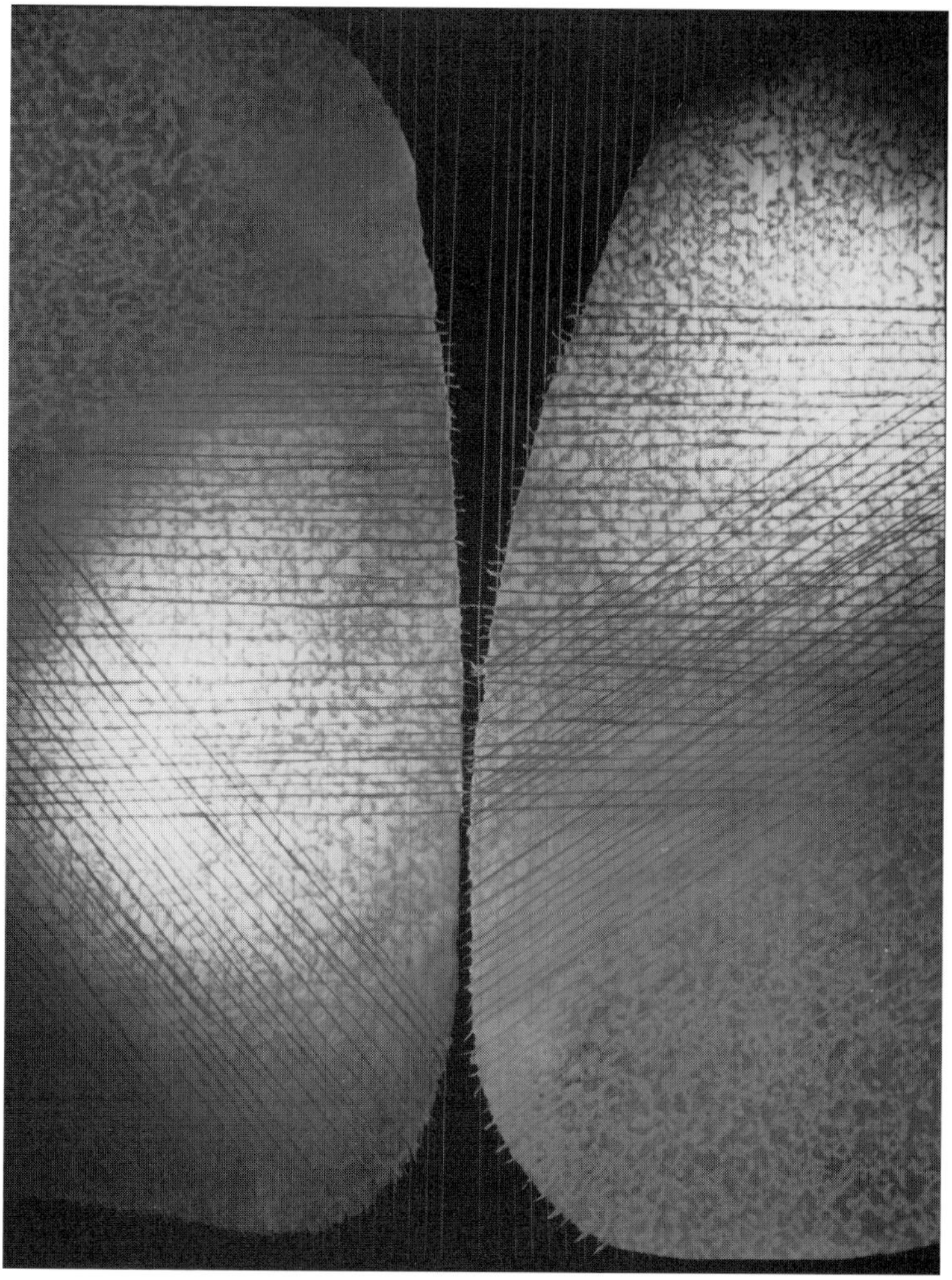

糸を漉き込んで不定形に漉き上げた和紙。

できない理由を「できる」前提で一つ一つ消していけば、「できる」という結果しか残らない。

建築素材として手漉き和紙を打ち出していくには、もうひとつ、大きな課題があった。大きさだ。

当初、最大の手漉き和紙は、畳一畳分で「ふすま判」と呼ばれる、九十センチ×

百八十センチの大きさだった。しかし、現代の家屋は壁が少なくなって部屋が広く大きく、天井も高くなっているため、ふすま判では対応しにくい。

そこで、職人さんたちにもっと大きな和紙が漉けますかと尋ねると、じつは、畳三畳分の大きさなら、道具と技術があるという。昔、有名な日本画家に要請されて、生まれたものらしい。

それならば、それを漉いてほしいと言うと、言下に拒否された。

「できへん」と。

理由は、五人がかりで漉かないといけないからだ。

ならば、五人がかりで漉いてください、と言うと、やはり、「できへん」。

「そんなもんは、高くて売れへん」。

職人さんたちは、わたしが何か新しいことを言うたびに、まず「できない」と言う。ああだからできない、こうだからできないと、理由も明確だ。

たとえば、畳三畳分の和紙となると、何層にも異なるデザインを漉き重ねるときに部分的に厚薄の差が生じ、無数の気泡が入る。

この気泡は一粒一粒ストローを使って口で吸い上げなければいけない。一万個入れば一万個を吸い上げるため、一日中腰を曲げての作業となる。そこで「そんなもん、できへん」となる。

しかし、気泡は次から次に発生するものではなく、和紙を重ねたときに一万個入れば一万個のまま。一粒吸い上げれば残りは九千九百九十九個、二粒吸い上げれば九千九百九十八個、いつかはゼロになる。一日かかったとしても、和紙はきれいに完成する。

結局、その工房の一日分の使用料、五人の職人さんの一日分の手間賃、使用する原料を買い上げることで、畳三畳分の和紙を漉いてもらうことにした。

そのように大きな和紙を漉いてもらうことは、会社を立ち上げた初年度から始まった。もちろん、その時点で、売り先なんてなかった。案の定、そのせっかくの大きな和紙も、細切りに加工をしてから売りさばくことになった。
けれどもそれは、けっして無駄ではなかった。それどころか、のちのわたしたちの和紙づくりの原点になった。

できない理由なんて、山ほどある。やらない理由なんて、山ほどある。でも、「できる」前提で、できない理由を潰していけば、たいていのことはできるようになるものだ。

のちには、地方の地場産業の立ち上げでも難しさに直面した。
技術を伝え、人も設備も整ったころに仕事を紹介すると、大量だからできない、少量だからできない、納期が短いからできない、利益が薄いからできない、人が足りないからできないと、できない理由をもっともらしく見事に言い切る。

でも、手頃な量で、十分な納期で、ちょうどいい利益の出る仕事なんて滅多にない。暇になったときに都合よく仕事が来て、ハードワークにならない範囲でこなした頃にまた、次の仕事が来て……なんてことは、ふつうはあり得ない。
だから、みんな努力するのだ。

**短い納期で、大量のものを
いかに効率よくつくっていくか、
知恵を働かせ、工夫し、
新しい技術を生み出していくのだ。**

そうした挑戦なしに、できない理由をあげていっても、残るのはただ、できるはずのことをしなかったという事実だけだ。

カーネギーホールで舞台美術に使用したヨーヨー・マ氏のコンサートにおける和紙は、日本でもオペラシティホール、シンフォニーホールで使用された。

どうしてもわからなかったら、頭で悩まず、とにかく手を動かし足を動かす。

できそうもないことをいかに、「できる」ことに変えていくか？

それは、すでに繰り返し書いているように、「できない」を捨てること。そして、「できる」前提で考えることだ。

でも、考えても考えても、これこそいい方法だと思えることが見つからないときがある。そんなときはどうするか？

まずやってみることである。

頭で悩まず、まずは思いついたことをやってみる。

手を動かし、五感を全部使ってやってみる。やってみながら観察する。するとなぜか思いもよらない発見があったりするものだ。


正直に言うと、依頼のあった時点では、できるかどうかすらわからなかった仕事は少なくない。でも、創り上げるという強い意志に行動が伴えばやり遂げられると信じている。

そんなことができるようになるには十年かかるよ、と言われたことでも実際に着手して十年かかった試しはない。

失敗を繰り返しながらも、最終的にはなんとかなる。頭で考えるとできないと思えることも、実際にやってみると案外、できるものなのである。

これは何も、物づくりに限らない。革新的な技法を見つけるとか、難しいことに挑むということだけではない。

人生は、毎日の小さな選択の積み重ねでもある。
何事も「できる」前提で思考を拡げ、まず行動する。
――その行動が、そのあらゆる選択に影響を与え、人生を変えていくのだ。

わたしは、社長になりたいと思ってなったわけではなく、社長になってくれる人がいなかったからなっただけのことだ。

わたしの会社に、デザイナーになってくれる人がいなかったから、自分でデザインをしたし、ディレクションやプロデュースをしてくれる人がいなかったから、自分でするしかなかった。頭で悩んでいる暇がなかったことも幸いだった。

リスクを負ったチャレンジでも、できなかったらどうしようかとは考えない。できるという結果しか頭にないから、目の前にある、わたしがしなくてはならないと思うことをやり続けるのだ。

低い壁と高い壁があったら、迷わず高い壁を上る。前例のないところに前例をつくることで進化する。

乗り越えるべき壁は、たいてい外部からの「要望」という形で表れる。その要望に全身で応えていくなかで、不可能だと思われていたことが実現できる。

けれども、ただ要望に応えるだけでは、壁は低い。

その要望を「チャンス」ととらえ、相手の期待以上の結果を出すこと。

自ら壁を高くするのだ。それによって、また新しい世界が広がる。

初年度こそ、畳三畳分の大きさの手漉き和紙も活かすことができずに、大赤字を出してしまうのだが、翌年から少しずつ事業は軌道に乗り、数年後に建築家の黒川雅之さんから、お茶室に大きな和紙を使いたいという依頼をいただいた。

図面を見ると、大きな白い和紙一枚と、大きな黒い和紙一枚で囲んだ茶室。その中に大きな陶器のお皿を置き、そこに水を張る、と書いてある。

「この水を張る陶器は何ですか？」と聞くと、

「海だ」とひとこと。

「では、白い和紙は？」
「光だ」
「では、黒い和紙は？」
「闇だよ」

海と光と闇。

これは、小宇宙だと思った。よくお茶室は小宇宙だといわれるが、この建築家は、文字どおりの小宇宙を表現しようとしているのだと。

そして、わたしは気づいてしまった。

「宇宙に継ぎ目なんてないやん」

じつは、大きな和紙「一枚」といっても、実際には、畳三畳分のものを三枚か四枚つなぐということで、ほんとうに一枚で仕上げることは先方も期待していなかった。でもわたしは、なんとか、継ぎ目のない、大きな一枚の和紙をつくることはできないかと考えた。

そこでまた、原点に戻った。

伝統的な和紙の手漉き法とは、フネと呼ばれる水槽に楮《こうぞ》などの原料を入れ、簀桁《すげた》と呼ばれる竹のすだれのようなものを揺すりながら、原料の繊維をすくい取ってからませていく、というものだ。

水槽の大きさや竹のすだれの大きさを何倍もの大きさでつくって紙を漉き上げるのは、設備や技術から考えて到底無理だ。

そこで、紙漉きとは何かという原点を再度考えた。

要するに、原料と水をすくい上げてからませられればいいわけだ。簀桁《すげた》を揺すって、からませることが無理なら、道具ではなく水を揺らせば原料がからまるのではないか？

発想を転換させたわけだ。

もちろん、職人さんたちはそんなことは「邪道」だと言ってやってくれないから、場所だけ借りて、自分たちでとにかくやってみた。道具も手作りした。厚さにむらがあり、不安定な七メートルの一枚漉きの和紙が完成した。見方によっては「わびさび」に通じると言われ、ダイナミックな和紙の表現を喜んでもらえた。その後、改良を加え、その手法は進化して、いまに至っている。

期待以上の成果を出す意志を持つ。
それは、どんな仕事にも共通することだ。
理想的な結果を求めることで、前例が生まれる。

このお茶室の場合のわたしの理想は、「継ぎ目のない宇宙」の表現だった。

「上野原縄文の森展示館」エントランスホール / 構造体ごと和紙に漉き込んだ巨大なドーム　撮影：松村芳治

「要望」自体が
わたしたちを成長させるのではない。
それにどのように応えていくかだ。

七メートルの大きな一枚和紙の依頼から、道具ではなく水を動かして巨大な和紙を漉くという手法を開発したときとほぼ時を前後して、もうひとつ、その後の発展に欠くことのできない技術である立体和紙を生み出すきっかけとなる「要望」

をいただいた。建築家の伊東豊雄さんからの、「大きな卵」をつくってほしいという依頼だった。

最初は針金で卵形の骨組みを組んで、そこに平面の和紙を少しずつ貼っていく、という手法でつくってみた。つまり提灯のつくり方だ。

けれども、提灯と同じつくり方なら提灯職人さんのほうがずっとうまいはずだし、銀行員上がりの素人のわたしがつくる意味はない。これではだめだと思った。

そして、何日もぼんやりと卵を見ていたら、ふと気がついた。

「卵に骨はない」

宇宙に継ぎ目はない、と思ったのと同じだ。

骨のない卵をつくらなければ！

卵には骨はないのに、骨組みから発想するから、うまくいかない。卵の型をつくり、そこに、原料の繊維を絡みつかせ、あとから型を抜けばいいではないか。

考案したばかりの、簀桁《すげた》ではなく水を動かすという手法がさっそく生きてきたわけだ。

むしろ、課題は、卵型をどうやってつくるかだった。

あの自然な卵型をどうやって再現するのか？

試行錯誤の末、ふいに思いつき、試してみたのが、風船による型だった。

種明かしをすると、大きな風船の中に小さい風船を入れる。すると、きれいな卵形になったのだ。頭で考えると、ひょうたん型になるような気がするけれど、頭でできないと思っていてもしかたがないのでとにかくやってみたら、そうはならなかった。

この「卵」に成功してから、型を進化させ、漉き方を練り上げて、立体の和紙造形は自由に表現できるようになった。

「要望」に応えた結果だ。

茶室のときと同様、何が本質なんだろう、手漉き和紙にしかできない表現とはどういうものなんだろう、と考えた結果だ。宇宙に継ぎ目はないのが自然だし、卵に骨がないのが当たり前だった。

要望は、わたしたちを進歩させる。重要なのは、要望に対してどのように応えていくかだ。

何か要望があったとき、それに対する応え方次第で、進歩もすれば、後退もする。

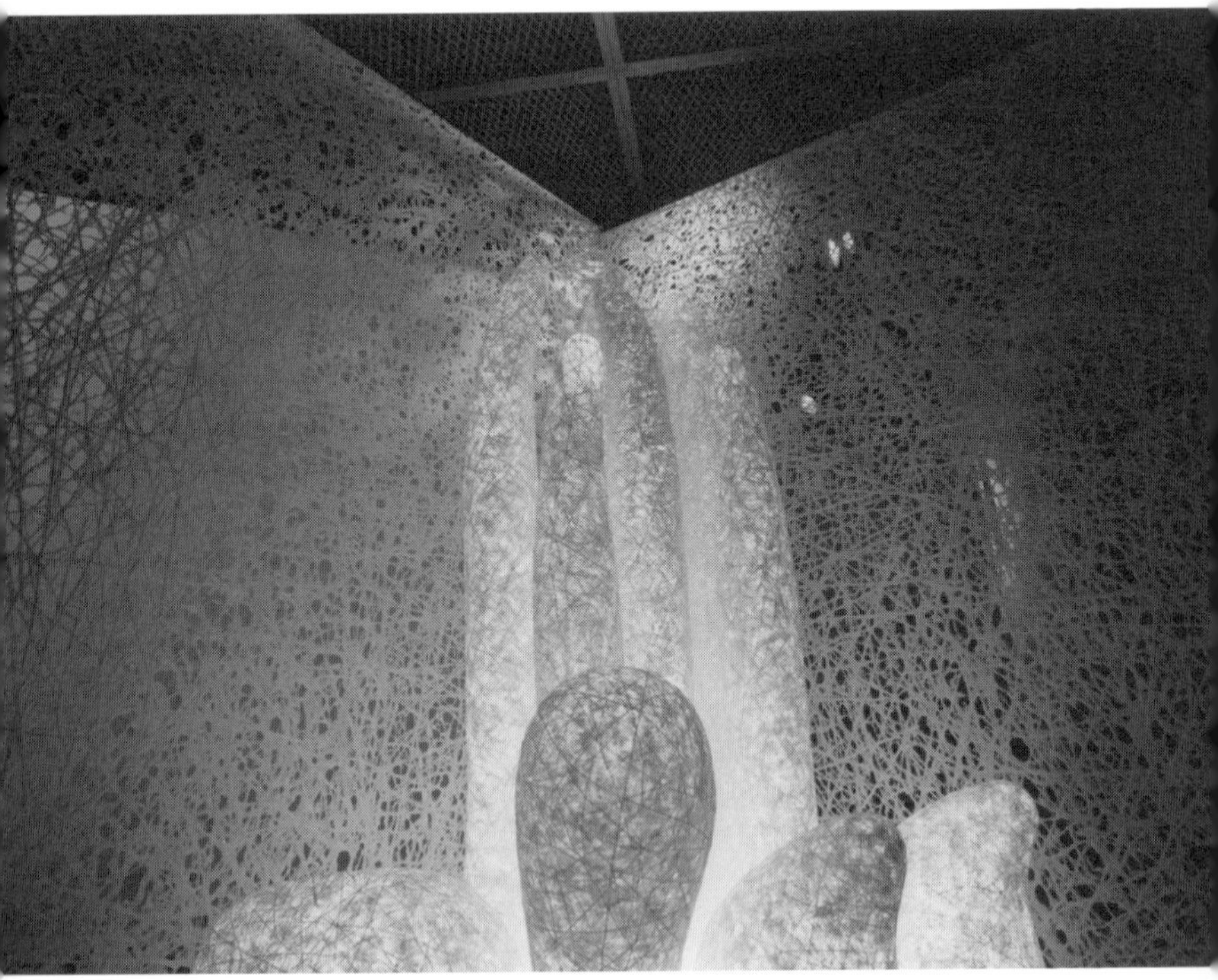

ライトオブジェは、どのような形でも糊や骨組を使わずに立体的に漉くことができる。　撮影：淺川敏

建築家、伊東豊雄氏のデザインによる卵型のライトオブジェと
タピストリー。　撮影：淺川敏

マイナス要因をプラスに変える。新しいものはそこから生まれる。

弱点と強み。
弱点を補強することに精を出すか、逆に強みをより強く増強するか？
短所を矯正するか、長所を伸ばすか？

仕事でも、教育でも、試験対策でも、必ずある視点だ。


わたしの場合、弱点を逆手にとって、強みにする。

それによって、新しいものを創ってきた。


ある空間に和紙を吊すと、どうしても後ろにある柱が一本、影となって映り込んでしまう、という場所への設置依頼があった。

それでは美しくない。柱の影がノイズとなる。でも、柱を排除することはできない。吊す場所を変えることもできない。

どうするか？


そこでわたしがとった解決策は、その影を消すために、わざと柱部分に縦方向に漉き込む繊維を密集させたデザインにすることだった。

影になるところを密な線にし、その周辺へとだんだん疎にしていく。

そうすれば、繊維が密集しているから暗く見えるのか、後ろに柱があるから暗く見えるのか、わからなくなる。

同様の発想から、のちに、繊維の漉き込みだけでなく、グラデーションで色調を変えていくようにしたこともあり、そうしたデザインは、わたしのつくる和紙の特徴となっていった。

さらにその延長線上で、ノイズの解消として表現されることになる柄にも、できれば意味合いを持たせたいと考えるようになった。

なぜその柄なのかと聞かれたときに、ただ柱を隠すためではなくて、きちんと説明できるものにしたいと考えた。

そこで、日本の伝統的な文様をモチーフにして、取り入れるようにした。

日本の古い文様には、それぞれに命への祈りや、幸福への願いが込められている。

たとえば、立涌柄という柄には、宇宙の良い兆しが涌き上がるという吉祥の意味があるし、輪違いという輪と輪が少し重なった柄には、人と人との良いところだけをちょっと重ねていけば、右にも左にも上にも下にもつながって連綿として絶えないという意味がある。

それは、和紙の文化と併せて、日本人が受け継いできたものを、さらに継承していきたいというわたしの想いと合致するものだった。

最初は、不都合な部分をカバーするために考えた工夫が、効果となった。マイナスをプラスに変えていこうとする試みのなかで、新しいものが生まれる。

不都合が見つかったら、革新のチャンスだ。

わたしの創作和紙の特徴のひとつに、楮《こうぞ》の茎や鉱物など、さまざまな素材を漉き込むというものがある。その素材で幾何学的な模様をつくることもある。砂粒を入れたり、水滴で大きな穴をいくつもあけたデザインのものもある。

しかし、それらは、いわゆるアートとして発想したものではないし、デザインとして生まれたものでもない。

すべてに、制作工程上の不都合を補う理由がある。

本来、白い和紙は神さまに通じるものとして、できるだけ白く汚れなくつくるべきものとされる。だから、職人さんは、冷たい水に手を浸し、原料に含まれる砂粒やゴミを一粒ずつ取り払ってから紙を漉く。白い紙によって、不浄なものを浄化するという精神性が、千五百年にわたる和紙の文化の根幹だ。

だから、ようやく和紙を漉き終わって手を離した瞬間、和紙の上にぽたっと一粒、水滴でも落ちてしまったら、それはもう損傷した紙。損紙として捨てられる。砂粒が一粒残っていただけでもその価値を失う。

それを見て、もったいないと思った。原料も、職人さんのそこまでの努力も、瞬間に無駄になるのだから。

だったら、水滴で穴をたくさん開けた和紙があってもいいんじゃないか？

もともと砂粒の入った和紙があってもいいんじゃないか？

こうして、さまざまな「異物」が混入する独自の和紙が誕生した。

不都合が見つかったら、チャンスだ。
プラスの効果に変えていく方法を考える。
すると、それが新しい発想となる。

穴については、細かな水滴を少し振りかけて漉く落水紙というのが、伝統的手法としてあったが、わたしは、バケツの水を含ませた亀の子タワシを派手に振って、その水滴で大きな穴を開けていく。

重労働なので少しでも楽をしようと、いろいろな方法を試したが、結局、両手でたわしを振りまわす方法がいちばんで、現在も多くの作品に、その手法を用いている。

堀木の創作和紙は、デザインの異なる層を重ねて漉き上げていく。和紙に入る無数の気泡を吸う作業は、10 人がかりで数時間続く。撮影：三浦憲治

機能的であると同時に美しいこと。それがデザインだ。

不定形に漉く和紙も、立体的に漉く和紙と並んで、わたしの創作和紙を特徴づけるもののひとつになっている。大きな空間の間仕切りなどに使う月型や円形のスクリーンだ。

もちろん、漉くこと自体は難しくない。問題は施工方法だ。

どうやって、空中に浮かせるのか?

それは、パティオを持つ半地下のカフェに設置する作品の依頼で、室内の天井に和紙を吊りたい、というものだった。

ところが、図面を見ると、ドアを開け閉めするたびに、パティオから外気が中に入り、そのたびに、吊られた和紙が揺れることが予想されるのだ。天井の和紙についた埃がコーヒーカップの中に入ってしまうこともあるかもしれない。

こうした場合、空中に吊るのはやめたほうがいいとクライアントに言うべきなのかもしれない。

でも、わたしはこの難題に挑戦したいと思った。

そこでいつものように考えた。

そもそもなぜ揺れるのかという原点に戻って考えた。

要するに、空気抵抗だ。ドアを開けたら空気が流れて、それが和紙のスクリーンに当たって揺れる。

空気が当たる面積が広ければ広いほど、空気がぶつかって、揺れる。

だったら、表面積を減らせばいいんじゃないか？

それなら和紙を丸型にしたら、どうだろう？

別に和紙が四角である必要はない。不定形に漉いて表面積を半分にして、空気抵抗も減らす。さらに、和紙に水滴で穴をたくさん開けておいて、空気が通るようにする。

不定形の和紙には、全体に細い糸を漉き込み、吊り下げるためのバーにはさみ込んで固定させる。

何度か実験して、揺れないことを確認し、納品した。


以来、四角い和紙に、細い糸を漉き込んで安定させたうえで、大きな開口模様をほどこしたデザインも多く手がけるようになった。穴を開けるのは、昔からある「すかし」という技術の応用で、要は、その部分だけ水を通さず繊維がからみつかないようにした抄型《しゃがた》を使って漉けばいい。

大きな開口からは光が直接漏れるので、和紙のある部分とのコントラストによる光と影を表現できる。結果として、デザイン的な効果のあるものを生み出していくことになったのだが、始まりはやはり、障害をクリアするための工夫だった。

ただ、障害をクリアするだけでなく、そこから美しさを生み出していく。デザインとは、そもそもそういうものだと思う。

すべての「伝統」は、
その技術が生まれたときは
「革新」だった。

手漉きの和紙の「伝統」を未来につなぐ。
その使命感がわたしのパッションの源だったが、その使命感そのものを否定されたときは、さすがにわたしのパッションも折れた。会社を始めて二年目ぐらい。ちょうど十メートル近い巨大和紙を漉き始めたころだ。

当時、まだ自分たちの工房を持っていなかったので、職人さんたちが原料を積んでいる倉庫の一角を借りて、原料だけを譲ってもらい、わたしたちが勝手に考えて作った道具を使って、独自の方法で漉いていた。

職人さんたちは、とにかくわたしたちのことを横目で見ていた。しかたなしに、場所は貸してくれてはいたものの、挨拶をしても完全に無視だった。なかには、いっしょにいたくないと、わたしたちが行く日になると休む人もいた。

それでも、わたしたちが何をやっているのか、気になっていたのだろう。あるとき、何人かの職人さんたちが覗きに来た。そして、言った。

「そんなもの、和紙と呼ばんといて。伝統と呼ばんといて」

ショックだった。

自分が、伝統を未来につなごうと思ってやっていたことが、じつは、伝統を壊していることなのかもしれないという不安も湧いてきた。

そこでまた、考えた。いつものように、原点に戻って考えた。

職人さんたちが「伝統と呼ぶな」と言っている、その伝統とは何かという原点だ。考えてみれば、いま「伝統」と呼ばれている手漉きの技術も、千五百年前、はじめて考案されたときは、「革新」だったはずだ。それが愛されて親しまれ、長年使われてきて、いま、「伝統」と呼ばれていることに思い至った。

つまり、「伝統」と「革新」というのは、けっして対極にある言葉ではなかった。「革新」が繰り返されて、「伝統」になっている。「革新」が育った姿が、「伝統」だったのだ。

だから、いま、わたしたちが取り組んでいるのは、千五百年前の人が生み出したような「革新」と同じだと考えよう。その革新的な技術をこれから百年、五百年、地に足をつけて育て、伝えていけば、それこそが「伝統」になる。それが、わたしのすべきことではないのか。

日本の伝統美を探求し、伝統を未来につなげるためには、新しい技術や表現方法を常に模索し、不可能を可能にする革新的な挑戦を続けていくことが必要だ。伝統を継承することと、革新を伝統に育てていくこと、どちらも欠いてはいけない。

そのことに気づいたとき、わたしはまた、パッションを取り戻し、歩き始めることができた。

無知は財産だ。知らないからこそ挑戦できる。

伝統と革新の関係について気づいて以後、職人さんたちとの昔ながらの仕事と、わたしたち独自の新しい技術による仕事を分けることにした。わたしたちの新しい技術でも、原料を撹拌して漉くだけの状態まで仕上げることは、職人さんたちに行ってもらう。そして、その原料を使って、自分たちが作った新しい道具を用い、独自の方法で漉く。

職人さんとの役割分担をして産地との連携をとり、変えてはいけない工程は守っていくのだ。

実際、伝統的な紙漉きの道具を作る職人さんもいなくなっていくなか、現代においてどこにでも売っている素材で作ることのできる道具を使って、誰でもできる手法で漉けるようにしていかなければ、未来は開けない。伝統を伝えていくことすらできなくなる。

時代が変わってたくさんの新素材があるのだから、代用できる道具をつくることができるはずだ。

たとえば、簀桁《すげた》という原料をすくい取る道具は本来、非常に細い竹で専門の職人さんにしか作れないものだが、わたしたちが使っているのは、ふつうに日曜大工屋さんでも売っているすだれだ。抄《しゃ》と呼ばれる黒い布も、わたしたちが使っているのは、どこにでもあるオーガンジーの布だ。

だから、職人さんたちに言わせれば、「そんなもの、紙漉きじゃない」となるわけだが、伝統的な道具の材料も作り手もないなか、道具が特別なものかどうか、安価か高価かということではなく、道具を使って創り出すもののクオリティこそが大切なのだ。

あらためて思うと、そういう着想ができたのも、無知だったからだ。和紙について、手漉きについて、まったくの素人だったからだと思う。

知らなかったからこそ、伝統的な手法にとらわれることがなかった。

知らないからこそ、知っている人から見たら、非常識で無茶なことに平気でチャレンジできた。

もしわたしが、紙漉き職人の家に生まれていたら、いまのような和紙は創れなかったと思う。

「どうすればできるか」も、
「何ができないのか」も、知らなかった。

だから、試してみるしかなかった。
無知こそが財産だった。

知らないからできない、門外漢だからしない、というのは、やらない理由にもできない理由にもならない。
無知というマイナス要因もまた、プラス要因に変えていくことができる。そのなかで、革新は生まれるのだ。

無知ゆえに、理想へと一直線に進める。

思えば、会社を興した一年目から、無知であることがわたしを導いてくれた。

建築素材としての手漉き和紙をつくるという方向性を決めたのはいいが、畳三畳分の大きさの和紙が世の中に存在することを誰も知らない。どうすれば建築家やインテリアデザイナー、施主となるような方々に、広く知ってもらえるのか。そこで思いついたのが、和紙作品を展示する展覧会を開くことだった。それも、東京でいちばん話題となる場所で。

といっても、それがどこなのか見当もつかない。そこで、雑誌を数冊買って調べ、どうやら六本木のアクシスというギャラリーが話題になっているということがわかった。わかるとすぐに申し込みに出かけた。ところが……。

「堀木エリ子？ 誰、それ？」

「和紙？ そんなの、誰が興味あるのかな」

手応えはまったくない。

意気消沈した帰りの道で、考えた。

そうか、無名のわたしの作品展をしようとするからいけないんだ。いまをときめく著名なデザイナーたちに大きな和紙を使った展覧会をしてもらったら、大きな和紙の存在は世の中に知ってもらえる。

家に帰るなり、また雑誌で調べた。そして、インテリア部門として内田繁さん、インダストリアル部門からは喜多俊之さん、グラフィック部門から鹿目尚志さん、建築部門から葉祥栄さんにお願いしたいと思って、直談判に出かけた。

「大きな和紙で面白い素材があるんです。展覧会として、それを生かした作品をつくっていただけませんか？　ただし、デザイン料やお礼はお支払いできる力がありません」

目を真っ直ぐに見て、心の底からお願いをした。

おそらく、そこに私心がないことをわかってくれたのだろう、四人とも快く引き受けてくれた。結果、新聞、雑誌とさまざまなメディアに取り上げられ、展覧会は大成功のうちに終わった。

あとにして思うと、そんな著名なデザイナーに、よく会場費と制作費しかないと言って頼みに行けたものだと赤面するが、雑誌にはそういう著名な人しか出ていなかったし、さらに言えば、とにかく一流の人に頼みたいと思った。

非常識だと言われたが、そもそも常識を知らなかった。

それがどんなにたいへんなことなのか、そもそも知らなかったから、迷わず行動できた。

この展覧会への投資が初年度の大赤字の大部分を占め、呉服問屋の社長の激昂を買うことになるのだが、のちの仕事の基礎となったことは言うまでもない。

さらに、一流の先生方といっしょに、展覧会に向けての準備をしていくなかで、デザイン画の描き方から、段取りの仕方など、一流の仕事の進め方をを学ぶこともできた。

ときとしてわたしたちは、無知ゆえに、理想へと一直線に進むことができるのだ。

経験を積むと、いつのまにか、
固定観念にとらわれてしまう。
それを破るのは、
異素材や異文化との協業だ。

無知こそがわたしの最大の財産だった。知らなかったからこそ、「革新」することができた。そのことを、逆の形で思い知らされたのが、バカラ社とのコラボレーションだった。バカラはフランスの高級クリスタルブランドだ。

一九九九年、ニューヨークのカーネギーホールで、チェリストのヨーヨー・マさんの舞台美術を巨大な和紙で演出した折に、後援をしてくれたのがバカラだった。そのご縁で、数年後、わたしの展覧会でバカラのクリスタルを漉き込んだ和紙のシャンデリアをつくることになり、商品化することになったのだ。


ところが、フランスのバカラ村にある工場に最終的な打ち合わせに行ったとき、たいへんな意見のくい違いが起こった。

バカラは、和紙シャンデリアの試作品に、最先端の白いLEDを組み込んでいたのだ。

電球色の赤っぽい暖かな光こそが和紙の命だ。そうでなければ、和紙の魅力が出ない。それは、容認できない重要なポイントだった。

ところが、バカラ側は、「白のLEDで新商品を展開するのが、社の方針だ」の一点張り。

わたしが、「これは、わたしの作品です」と言えば、「でも、これは、わたしたちの商品です」と返ってくる。

あわや決裂というところまで苦戦していた。


けれども、それは、歴史的なプロジェクトだった。

クリスタルガラスという透明な素材と和紙という不透明な素材、重い素材と軽い素材、火から生まれる素材と水から生まれる素材、すべてが相反する二つの素材で、フランスの伝統産業と日本の伝統産業を融合させようという壮大なプロジェクトだった。

それを、わたしの「それなら、降ります」のひとことで、決裂させてよいのか？


けれども、自分を騙して前に進むことはできない。

会議の場という短い時間で、自分自身を納得させる理由を見つけなければ道は開けない。

そこで、いつものように考えた。原点に戻って考えることにした。
すると、自分自身の和紙づくりの原点が思い出された。

わたしの原点は無知だった。
知らないということが力だった。
知らないから固定観念に縛られずに、
新しいものを生み出すことができたし、
挑戦することができた。

ところが、どうだ？
いまのわたしは、「赤い暖かい光でなければ、和紙の魅力は出ない」と言っている。
和紙のことをあまり知らないフランス人が、白いＬＥＤを和紙の試作品に入れて、
「すごい！　美しい！　何がいけないんだ？」と言ってくれているのに、わたし

だけが「それは和紙本来の光ではない」と言っている。

それこそ、まさに固定観念そのものではないか！

「赤い暖かい光と、それが生み出す優しい空気感」という和紙の特性を取り除いたときに、和紙という素材そのものがどこまで世界に通用するのか。これは新たなる挑戦のチャンスだと思い直した。

わたしは、白いＬＥＤの光を受け入れることにした。

結果は、大成功だった。限定品として数を絞って売り出したが、きわめて高価なものだったにもかかわらず完売だった。

じつは、その日、了解したにもかかわらず、ホテルでひとり、悔し涙を流していたのだが、あとから思えば、もし赤い暖かな電球色の光だったら、西洋の人にとってはちょっと陰気に感じられたかもしれない。冷たいほどに白い光だったからこそモダンなものになった。

和紙の新しい魅力を発見する機会となったのだ。

以後、わたしも日本で、白い光源をときどき使うようになった。

若い頃、何にもとらわれずに新しい発想をすることができても、経験や年齢ととに、いつのまにか、固定観念を持ち、それに縛られてしまう。


だから、ときには異分野・異素材・異文化とのコラボレーションをすることで、意識的に、それを洗い流していかなければならない。

バカラのクリスタルとのコラボレーション／月からこぼれる雫をイメージした和紙のシャンデリア「雫」
ミラノサローネ2011　ユーロルーチェ「Baccarat Highlights」Sora 雫 シャンデリア

バカラのクリスタルとのコラボレーション / 太陽の光が拡がるリズムをイメージした和紙のシャンデリア「旋律」
ミラノサローネ 2011　ユーロルーチェ「Baccarat Highlights」Sora 旋律 ランタン

「当たり前」を疑う。「なぜ」「なぜ」と自分に問い続ける。そのことを習慣にする。

前例のないことをする。つねに、自分自身がつくった「前例」すらも打ち破っていく。それがわたしの仕事のスタイルであり、また、仕事を楽しみ続けられる理由でもある。

では、どうしたら、「前例」を打ち破る発想ができるようになるのか?

それは、日常の小さな「当たり前」を疑う習慣から生まれる。

たとえば、自宅のスイッチの場所。収納のしかた。会社の会議の手順。取引の条件。男女の役割分担……。


当たり前と思っていることを、そのたびに、一つ一つ検証していく。


ここで重要なのは、そもそも、なぜそうなっているのかという視点を持てるかどうか、だ。

そういうことを言うと、「ふつうはそうだ」とか「みんなはそうしている」と言われるのだが、わたしは、その「ふつう」とか「みんな」とかいう言葉が大嫌いなのだ。

新しい発想を得る方法は、日常、ふっと気になったことを見逃さないで、「なぜなんだろう?」と考え、分析することだ。

たとえば、はじめてのレストランに入ってなんとなく居心地が悪いと感じる。すると、「なぜ自分はいま、そう感じたんだろう?」と分析する。

テーブルの配置だろうか? スタッフの対応だろうか? 壁の色だろうか? 天井の高さだろうか? と分析する。そして、その店をもっと繁盛させるためには、どうしたらいいのかと改善の手段をなんとなく考える。

逆に、居心地のいい空間があったら、なぜ、この空間は心地がよいと感じるのか? と分析してみる。人についても同様だ。

「今日は気持ちのいい人に会ったな」と感じたら、なぜ、自分はその人と対面して気持ちがいいと思ったのか、その人の表情、相づちの打ち方、話し方、その内容から、着るもの、姿勢などまで、いろいろと分析してみる。そして、要素が見つかったら、真似してみたりする。

センスのいい人だな、と感じたら、どこがそう感じさせるのか？ をどんどん掘り下げていく。そして、たとえば、「そうか、白で統一していて清潔感があるからだ」とわかったら、我が身を振り返る。「そういえば自分は、アクセサリーで飾りすぎているな」「最近、おしゃれのこと、忘れていたな」と気がつく。

そうやって、なぜなんだろう？ と、自分に置き換えるところまで掘り下げていけば、そこでまたひとつ、学ぶことができる。

「絶対ただではは起きない」、そう思っていないと、「失敗は成功のもと」にはならない。

わたしには失敗の経験はほとんどない。

なぜなら、他人から見たら失敗に見えることも、わたし自身は失敗だとは思っていないからだ。それがのちに、成功のもととなっているのなら、それは失敗とは呼ばない。

思いどおりにいかないと悔しい。悔しいから、なんとかこれを良い経験に変えてみせると、と誓う。「絶対、ただでは起きない」、そう思って努力すると、いずれ成功のもとになる。だから、失敗ではないのだ。

でも、不都合を成功のもととしようと意識しなければ、その不都合は失敗のまま。成功のもとにはならない。

「絶対、ただでは起きない」、そう決めて立ち向う人にとってのみ、不都合は、成長を促すものであり、一時、失敗に見えた不都合は成功のもととなるのだ。

建築素材としての和紙は、破れないことが求められる空間で使われることも多い。そうした用途での解決方法として、アクリル板に和紙を貼ることにした。ごく初期のことだ。

ところが、施工会社を何軒回っても、どこもその作業を引き受けてくれない。理由は、「そんな高価な和紙を、作業の途中で破ったり、皺が寄ったり、気泡が入ったりしたら、責任がとれない」からだと言う。

つまり、技術的に不可能というわけではないらしい。技術を磨いていけば、わたしたちにだってできないことはないわけだ。

そこでわたしたちは、自分たちで施工をすることにした。

もちろん、最初は失敗の連続だった。

けれども次第にうまくできるようになっていった。

現在、わたしの会社の仕事についてひとことで説明するとき、「長靴から地下足袋まで」と言っている。つまり、長靴を履いて和紙を漉くところから、地下足袋を履いて、建築現場で施工するところまで、すべてが自分たちの仕事だ。

それによって、施工の段階で制作時の難点を解決したり、施工時に起こりがちな障害を漉くときに事前に解決したりといったことが可能になった。

燃える、汚れる、破れる、退色するという難点に取り組むきっかけともなり、数々のマイナス要因をプラス要因に変えることができた。

それは自分たちでやらなければ絶対に得られなかった小さな「革新」だった。

うまくいかないときは、さらに行動することによって、何かが見つかる。見つかるまで行動し続ける。

すべての失敗が成功のもととなり、新たな技術開発のもととなっているのだ。

Chapter 3

利己から利他に

失敗そのものは叱らない。ただ、失敗の報告が遅れるのは叱る。叱られて、「いま出すつもりでした」と「言い訳」する人には、もっと叱る。

わたしは、褒めることが苦手だ。自分が厳格な父のもと、あまり褒められずに育ったからかもしれない。褒めて育てるというやり方は、どうしてもわたしにはなじまない。

そのせいか、なかなか男性スタッフが長続きしない。どうやら男性は褒めて育てないといけないらしい。結果、現在十名いる社員の全員が女性だ。

スタッフは、毎日わたしに、ささいなことで叱られてばかりいる。お客さまへの謝り方がおかしいとか、頭を下げていなかったという程度のことだ。

でも、ほんとうは、そんなことでわたしだって注意はしたくない。一度、注意して直してくれるなら、どれほど嬉しいことかと思う。

けれども、そうした基本的なことほど、なかなか直らない。直ったかと思うと、いつのまにか元に戻っている。

じつは、言い続けるほうにもエネルギーがいるものだ。投げ出したくなることもある。でも、言い続けなければならないし、言い続けていれば、必ず気づいてくれるものと信じている。

仕事の基本マナーにはうるさいが、スタッフが失敗したことについては、あまり叱らない。とくに、頑張った結果、挑戦した結果の失敗なら、叱るどころか、大歓迎だ。

ただ、失敗の中でも、将来の大きな事故につながりそうなものについては、いまの段階できつく叱るほどのないことでも、叱る。小さな間違いを繰り返していると、次に大事故につながる恐れがあり、事故があってから叱っても遅いからだ。良くも悪くも、先のことを心配してしまうのだが、最悪の事態を防ぐ危機管理がわたしの役目だと思っている。

そして、重要なのは、失敗そのものよりも、それに対する対応だ。

失敗した報告がない、謝罪が遅れる、対処に対する打診がない、顧客に対する対応がないなど、基本的なことについては叱る。

「そんなつもりじゃなかった」とか「いま提出するつもりでした」という「言い訳」

に対しては、とくにきつく叱る。

自分に「つもり」があろうがなかろうが、意味がない。
実行していないことは
「言い訳」にしかすぎない。

ビジネスは、結果でしか評価されない。

プロセスが大切だという言葉を都合よく使うことは、顧客からお金をもらう限り許されない。

言い訳をする暇があったら、次に失敗しないための原因の追求と改善策を考え、実行して次の結果につなぎ、示さなければならない。

そういうビジネスの基本をしっかりと後進たちに伝えていきたいと思っている。

職場は学校ではない。仕事は教えてもらうものではない。

仕事でも人生でも、「誰かのせい」ではなく、すべては自分の責任だ、と考えたときに、見えてくるものがある。

ほんとうにその意識を持ったとき、困難は、闘うべき、あるいは逃げるべき敵ではなく、挑戦すべき課題になる。

若いうちは、仕事がうまくできないとき、ちゃんと教えてもらっていないからだ、と考えがちだ。この会社は研修制度がなっていないと批判したりもする。

しかし、そもそも教えてもらおう、と考えていることが間違っていると思う。

会社は学校ではない。与えられた仕事の中から、自分で学んでいくものだ。


自分の頭で考えもしないで、仕事は教えてもらえるものだと思い込んでいることのほうがおかしい。


マニュアルを求められることもあるが、そもそも、前例がないものを創り出しているのだ。前例がないのだから、マニュアルなどあるわけがない。

必要なら、自分で創ればいい。

目の前の課題に対して一生懸命考え、学んだことをまとめていけばいい。

あるいは、素晴らしい仕事ができている人や業界を超えて尊敬する人を見つけて、どこがすごいのかを分析してみる。そして、真似してみればいい。

わたし自身、いろいろな人を見て勉強してきた。素敵な年上の女性がたくさん周りにいたので励みにもなったし、ああいうふうになりたいと思って頑張ってきた。

女性の間には、ロールモデルがいない、と嘆く声も聞かれるが、そういう人に限って、身近にいる先輩から学ぼうとしない。良いと思う例もあれば逆もある。それらを学び、自分自身がロールモデルになればいいのだ。

教えてもらえない、マニュアルがない、ロールモデルがいない……すべては、自分がいま、仕事で輝けていないことに対する責任転嫁だ。

誰かのせい、何かのせいにするのをやめて、
すべて、自分の責任だと引き受けるとき、
仕事も人生も、見えてくる景色が変わる。

「旧そごう心斎橋本店 14 階」(2005) / 立体的に漉き上げられた和紙。撮影：松村芳治

自分が強いのは、もともと弱いからだ。そう気づけば、他者の弱さも受け入れられる。

三十代の頃まで、わたしは、日常の仕事でわたしのペースについてこられないスタッフに対して、「やる気がないからだ」とか「この人はだめだ」と思っていた。努力が足りないからだと思っていた。だからいつも叱っていた。

ついて行きたくても、ついて来られない人がいることに気づいていなかった。

人には誰しも、体力的な限界や思考の幅というものがあるということにも気づかず、できない人をいっしょに連れて歩んでいこうという配慮をしていなかった。


建築現場では、足場に上って高い位置に作品の施工をすることも少なくない。

それが怖くて、どうしても上れない、というスタッフもいる。

わたしには、それが信じられなかった。

わたしには、怖いと思って震えている余裕すらなく、ただ必死に作品を据え付けることしか考えていなかったから、足場が高いとか怖いなどという感覚は生まれてこなかった。

作品を設置しなくてはいけないのだから足場に上がるのは当然だと思っていた。


けれども、高いところがどうしてもだめな人はいるのだ。

それ以上に、責任者であるわたしとスタッフとでは立場が違うのだ。

わたしがそれに気づいたのは、登山の折に山頂で足を痛め、体力に自信があったにもかかわらず体が思うように動かず、周りに迷惑をかけた経験や、二度の悪性ガンを通して、自分の中の弱さに気づいたからだった。

そのような経験をする前は、つねに自分が前に立ってリードしていると思っていたし、自分は強いと信じていた。

けれども、ほんとうは弱いことを知っていたからこそ、強いふりをしていたのかもしれない。

人から強い女として見られるのは、弱い自分を強く見せようとしてきたからかもしれない。

同時に、わたしの強さは、弱さの上に成り立っていることだということにも気づいた。

わたしが強いとすれば、それはもともとが弱いからだ。
弱いからこそ強いふりをしていたら、
いつのまにか強くなっていた。

そのことに気づいたとき、自分の弱さも認めて、少しゆっくり進む必要があるかもしれないと思った。そして、周りの人の弱さもわかるようになってきた。
だからといって、強く見せようという意識を否定するわけではない。
元気がないときには元気なふりをすることで、結果的に元気になっていく。

強くありたいという気持ちが自分を骨太にする。

仕事では、女性であることを過剰に意識しないほうがよい。

弱さを隠して強いふりをしていた若い頃のわたしは、女性であることもまた、仕事をするうえでの弱さだと思っていた。

いまのように、国を挙げて女性が活躍する社会を創りましょうとか、管理職の三十％以上を女性にしましょう、などといった社会の後押しはなく、当時は、女性であることが大きなハンディになった時代だった。大きな仕事を受注して成功すれば、女はいいな、と言われるし、失敗したら、やっぱり女はダメなんだ、と言われる。

いまのように、セクハラ、パワハラという言葉も普及していなかったから、仕事を頼んでくるなら当然とばかりの誘惑も少なくない時代だった。それを上手に利用すれば、女性の強みのひとつを生かすこともできたのだろうが、わたしには無縁の世界だ。かといって、下手な断り方をすると、文字どおり業界で干されてしまう恐れもあった。

そこで、わたしは、女性的な要素を排除することにした。黒いパンツスーツに、喉元まで詰まった黒いブラウス、ショートカットに、歯ぎれのよい話し方、歩き方。完全に宝塚歌劇団の男役のスター状態だ。

わたしの仕事では、工事現場に入ることも多いので、うつむいてシャツから胸元が見えたり、腰から下着がみえる服は厳禁だ。フリルやレースをまとうスタッフもいない。

でも、そのおかげで、女性の会社であるがゆえの障害は少しずつ減っていった。余計な憶測なく評価をされるようになっていった。

女性の側にも、女性であることだけをおかしな方向で利用しないことが大切だというのは、いまも感じている。

ともあれ、実際、長身ということもあり、「宝塚スターみたいな堀木さん」という形容をされることも増え、その期待に応えなければと、襟を立てたパンツスーツが定着した。

だから、わたしがもともとは、モデルのバイトをしながら女性雑誌でおしゃれやメイクを研究する、聖子ちゃんカットのおとなしいミーハーな女の子だったと言うと、みなが驚く。

それが変わったのは、会社を興し、やるべきことが定まってからだ。ふつうの女の子が、たしかに強くなった。

人は、使命を持つと強くなる。

いつも、カッと目を見開いて、相手の話を見定めようとしていたからだろうか、一重だった目がいつのまにか二重になっていたくらいだ。

というわけで、仕事上、女性であることで得したと思ったことは一度もなかった。女性でよかったと思えるようになったのも最近のことだ。この点は、現代の若い女性たちには、見習うことなく、どうぞ反面教師としてください、と言ったほうがよいかもしれない。

「堀木エリ子展〜和紙から生まれる祈り」(2012) /
7本の光柱によるゲートをくぐることで独自の空気感を体感できる。撮影：淺川敏

「堀木エリ子展～和紙から生まれる祈り」(2012) /
光ゲートには、希望の象徴である虹の七色に染めた色糸が漉き込まれている。撮影：淺川敏

すべての細胞は、生きるために、活きている。

人は、失って初めて、持っていたものの価値に気づく。失いそうになって初めて、その存在に気づく。

三十九歳のとき、突然、悪性ガンだと宣告された。子宮ガンだった。その五年後、乳ガンも認められた。

誰しも死は、つねに身近にあるはずだが、わたしにとってはあくまでも他人事だった。自分が死ぬなんて、考えたこともなかった。

それが突然、自分のこととなった。

自分にも、そういうことが起こるんだと驚いた。


それまでのわたしは、人は生まれた瞬間から死に向かって歩いている、と思っていた。死ぬなんて、怖くないと思っていた。

やるべきことをやっているのだから、いつどうなってもいいと思っていた。

ちょっと投げやりだったのかもしれない。

でもそれは、やはり自分は死なない、と思っていたからだった。

その考えが、病気になって手術をしてから変わった。

全身麻酔でお腹を切り、モルヒネが切れれば痛みが続く。

ところが、いつのまにか痛かったところが痛くなくなり、傷口がふさがり、その跡が少しずつ薄くなっていく。

人は、死に向かって生きているんだなどと気どったところで、すべての細胞は、生きるために活きている。どんどん入れ替わり、回復していく。何もしなくても、傷口はふさがり、痛みも消えていく。

わたしが生きるために、
わたしの細胞すべてが活きようとしているのを実感した。
人間は、生まれた瞬間から
死に向かって生きているのではない。
すべての細胞は生きるために活動している。

結局、お腹にも、胸にも傷が残ることになったが、ガンは完治し、その後、再発することもなく、いまに至っている。

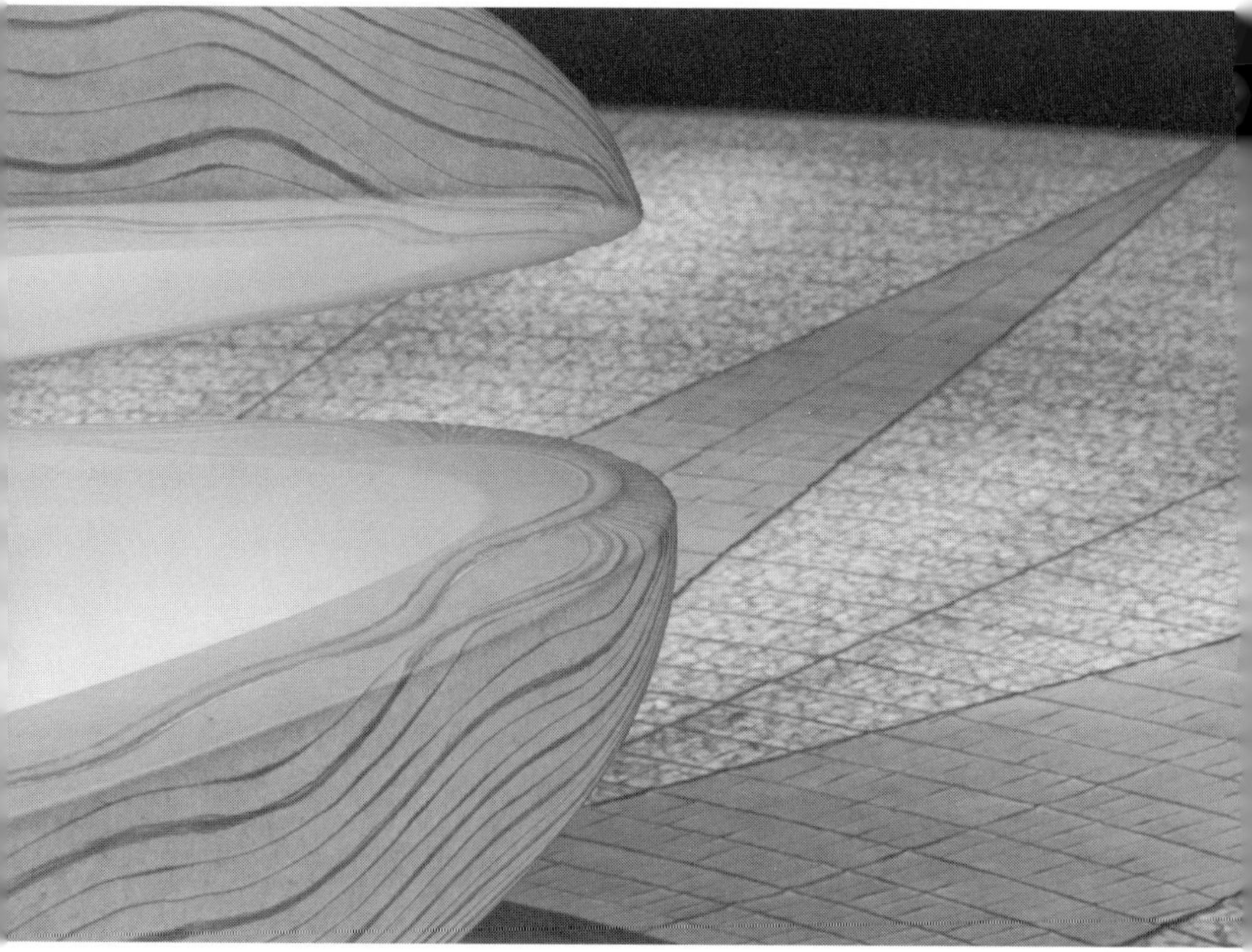

命の送迎の器。(命を見送る棺や命が生まれる卵）をイメージしたライトオブジェ。　撮影：淺川敏

わたしたちは死に様は選べないが、生き様は選べる。どう生きるかは自分で選べる。

突然のガン告知に、一瞬、たじろいだわたしだったが、考えてみたら交通事故で死ぬ可能性もある。飛行機事故に巻き込まれることも、自然災害に巻き込まれることもあり得る。わたしたちは、死に様は選べないのだ。

そう思い知らされると同時に、気づいた。

たしかに、わたしたちは、死に様は選べない。
でも、生き様は選べる。
どう生きるかは自分で選べる。

では、生き様とは何か？　単に、食べて飲んで寝て起きて、ということではないはずだ。人生を成り行きにしてはいけない。

いま、この時代に、どんな志を持って、
いかにそれを成し遂げるか、
自分の人生の目的を明確にして、
日々を生きなければならない。

病床につく前に、わたしは遺言状を書いた。作品をどうするか、財産をどうするか、会社の後始末をどうするか、といったことを、執行人の名前など詳細まで記した。書きながら、「とにかく生きなければ」と強く感じた。

配偶者も子どももいないから、やはり日本の文化や伝統産業の役に立つように残したい。財団にしたり、美術館にできたらいいなとは思うけれど、はたして、そこまでしてわたしの作品を残す必要があるのか？

後世に必要とされるにはどうしたらいいのかと考え、遺言状を書きながら、これからやるべきことを考えた。

それは、死ぬための遺言状ではなく、生きるための遺言状だった。

なんとなく「毎日頑張ろう」と言っている間は、ただ「頑張ろう」だけで終わってしまうが、「具体的にこういうことをしなければならない」と定まれば、そこに向かって進むことができる。達成へのスピードが速くなる。

結果、具体的に書き連ねたことを、その後三年のうちに超スピードで実現してしまうことになる。そして、その後、三年に一度、その「生きるための遺言状」を更新している。

その間に成し遂げたこともあるし、状況が変わることもある。考え方が変わっていることもある。誰が自分にとって大切な友人なのかも確認できる。その都度、自分の生き様が見えてくる。

自分の生き様を見据えるための遺言状だと思えば、若いうちから書くことができる。そして何年かに一度、見直すのだ。

それは、一般には死に直面しないとわからない、当たり前だと思っていることの一つ一つに、感謝して生きることにもつながるだろう。

死に様は選べない。
けれども、ぶれない生き方をしていたら、
それが、死に様につながっていくと思うのだ。

ふだん「当たり前だ」と思っていることの多くが、感謝すべき有り難いこと。

死を覚悟した経験は、わたしに、それまで「当たり前だ」と思っていたことが、実は当たり前ではない、ということを教えてくれた。

では、当たり前の反対語は何か？

そう思って、ネットで調べてみたら、圧倒的多数を占めたのが、「ありがとう」だった。そのとおりだ。

わたしがそれまで、当たり前と思っていたことは、じつは「有り難い」感謝すべきことだったのだ。でも、わたしたちはふだん、それに気づかない。

たとえば、夫婦共働きでも、奥さんは料理をつくってくれるのが当たり前と思っている旦那さんの場合、感謝の言葉も出なければ、できあいのもので手を抜いているとか、帰りが遅いから夕食の時間が遅くなる、などと文句を言ったりする。

あるいは、部下にご馳走をすると、翌日、出勤したらすぐ、「昨日はありがとうございました」と部下が言ってくるのが「当たり前だ」と上司は思っているだろうが、逆に部下は、上司が部下にご馳走するのは「当たり前」だと思っていて、翌朝も素知らぬ顔、ということもあるだろう。

あるいは、社員は、サボっていても、会社に大きな損失を与えても、会社の業績が非常に悪くても、毎月給料が入ってくるのが当たり前、と思っているだろう。どんなに苦しくても、給料の遅配だけはしない、と決めている社長の覚悟など知るよしもない。感謝どころか、自分の業績は棚に上げて、給料が上がらないと不満をこぼす人もいるだろう。

それだけではない。毎朝、自分が元気に目覚めることができるのも、戦争もなく家が焼かれることもなく、平和に暮らせていられるのも、来年も再来年も桜が見られるのも、明日、日が昇ることも、みんな当たり前だと思っている。

でも、それらの一つ一つは、ほんとうに当たり前のことなのか？

実際、事故に遭ったり病気になったりする可能性は誰にでもある。内戦で家や家族を失っている人は、地球上で数知れない。

ひょっとしたら、自分のいまの境遇は、当たり前どころか、感謝してもしたりないくらい有り難いことかもしれないのだ。

病気から学ぶことは多い。傷ついたこと、入院したこと、思いどおりに身体が動かないこと。ガンになったことで、ふつうでは気づかないことを感じ取るよい機会を与えてもらったと思っている。

肉体が病んだからといって、精神まで病んではいけない。

入院中、わたしが強く思ったのは、肉体が病んでも精神は病んではいけない、ということだった。

昨日まで元気に外を歩いていたのに、入院したからといって、一日中パジャマを着てベッドに寝てなんかいられない。そんなことをしたらほんとうに病気になってしまう。肉体だけでなく、精神まで病気になってしまう。

だから、入院中も、手術直後以外は、ふつうの服を着て、検査を受けるときも、病室から靴を履いて検査室まで行った。
薄化粧もして、誰かにロビーで会ってもおかしくない装いでしか、病室の外には出なかった。

入院したから急に病人らしくするのではなく、自分の気持ちがいちばん安定するようなことや自分のやりたいことを、お医者さんの許可をもらって堂々とすべきだと思う。
心の中では、ほんとうは手術が怖かった。

でも、うつむいていたって、
前を向いて笑っていたって、
時間は同じように過ぎていく。

最近は「頑張れ」と言ってはいけないと言われるようだが、わたしは、「頑張れ」という言葉は使うべきだと思っている。わたしたちは、前向きな気持ちを持つように頑張らなくてはいけないのだ。

肉体は精神が入っている器なのだから、少々へこもうが傷がつこうが関係ない。胸やお腹が傷ついても、そんなところはわたしのチャームポイントではないと、上を向いて凛として歩いていけばいい。

病気になった、傷がついたと暗い顔をしている人に対して、周りの人は同情するかもしれないが、それで自分自身が幸せになれるのか。

わたしは身体はただの器にすぎないのだときっぱり割り切ることにした。

立涌をモチーフにした光柱の一部。立涌柄は、宇宙の良い兆しが涌き上がるという吉祥の意味をもつ柄。
撮影：西林真

恩を恩師に返すことは難しい。だから、受けた恩は、後進に返していけばいい。

この本の最初に、「人生で大切なものは、ご縁と腹の底から湧き上がるパッション」だと書いた。

実際、多くの方とのご縁によって、わたしはここまで歩んでくることができた。

そして、そろそろ自分自身が先に進むことと同時に、ご縁への「恩返し」のときがきているのを実感している。


わたしにとって、最大の恩人と言えば、やはり起業したときに事業部を立ち上げてくれた呉服問屋の社長だろう。恩人であり、ビジネスの師匠だった。

ところが、こともあろうに、その恩師といったんは訣別することになったのだ。

もともと、京都でも粋な人として有名な気っぷのいい大旦那だったが、時代の波に押されて、呉服問屋の経営が不調になってきた。

ちょうど、わたしが京都に自分たちの工房を作って、本格的に革新的な手漉き和紙の創作に乗りだそうとしていたときだった。

工房を持つにはお金がいるが、呉服問屋を立て直さなければいけない時期に会社にはそんなお金はない。そこで、わたしは外部から出資者を募った。

それが、社長の逆鱗に触れた。

わたしとしては、会社に負担をかけずに、仕事を続けていこうと思っただけだったのだが、社長にしてみれば、かわいがってきた娘に裏切られたような想いだったのだろう。

結局、わたしは使命を全うするために完全に独立した。

独立にあたっては、自分としては、道義的にも金銭的にも十分に誠意を尽くしたつもりだ。

しかし、相手にはそのように受けとってもらえないことがあるということを、身にしみて知った。でも、そのとき自分にできる最大限のことを誠実に示していればいつかはわかってもらえると信じた。

それから何年ものちに、社長と和解したのは、社長がガンに倒れる直前だった。

二人で昼食を食べた。

わたしの会社の成長と仕事ぶりをとても喜んでくれた。

絶縁状態にあった間も、ずっと見守っていてくれていたことを知った。

人間関係は、いっとき壊れたとしても、誠実に対応していれば、どこかで必ず修復できる。縁が一回途切れたとしても、諦めてはいけない。

結局、わたしは、社長から与えてもらったご恩を十分にお返しすることができなかった。でも、自分が社会的な役割を果たし、活躍していることが、すべての恩返しの基本だと知った。

そして、今度は自分が後進に対し、同じような役割を担うことで、恩返しが完成するのだろう。

恩は、恩師には返せない。後進に返すものなのだ。

利己から利他に。
それが人の生き様と死に様を決める。

生き様とは何か？

死に直面して、初めてそれを考えたとき、たどり着いたのは、やはり、人の役に立つ、社会の役に立つ、ということだった。

言い換えれば、他人から見た自分の在り方。周囲と照らし合わせたときの立場や役割であり、社会における自分の利用価値だ。

もちろん、それまでも、和紙の伝統を未来につなぐ、という使命感をもとに進んできた。それは真実だったが、それは自分を奮い立たせるためのきっかけであり、仕事を始めた当初は、大義名分であり、結局は自分自身のためだった。

なんだかんだといっても、二十代は自分の生きがいや自分自身の幸せを求めて、自分がいいと思うこと、やりたいと思うことをやっていた。

三十代のときも、発想の中心は、あくまでも自分だった。

それが、病気をきっかけに初めて社会の側から自分を見ることになったのだ。

二十四歳で起業して十六年が経っていた。

社会は、次にわたしに何を期待しているのか？

どういう方向に動けば、もっと時代の役に立てるのか？

社会から自分を見て、そして、要望に応えていく。

それが生き様につながり、そして、その生き様をつないでいくことが、結局、死に様にもつながるのだ。

利己から利他に、視点を変える。

とはいえ、表面的には、わたしの仕事のスタイルは変わらない。

いま目の前にいる人の要望に応えていく。
その人の期待以上の形で応えていく。
前例のないものに挑戦し続ける。

それが、時代や社会の要望だと思うからだ。

今後、どのように展開していくつもりかとよく聞かれるが、わたし自身はあまり大げさに考えていない。

要望に添って、目の前の人の背後に広がる社会の要望に応えて、目の前の課題を解決し、挑戦し続けるだけだ。

巡回展覧会「堀木エリ子の世界展～和紙から生まれる祈り」（2007 ～ 2009）撮影：松村芳治

あとがき

いろいろな社会的環境が変化して、時代が移り変わっていくなか、日本のものづくりに対する評価や、働くことについての価値感は大きく変わってきました。

二〇一四年十一月、手漉き和紙の技術は、ユネスコの世界無形文化遺産に認定されました。当時、現場の職人さんや関係者が、万歳や拍手をしているニュースが全国に放映されていました。

手漉き和紙の技術が、世界に誇る素晴らしい技術だと認められたことは、本当に嬉しいことですが、私はそのとき、喜んでばかりはいられないと感じました。なぜなら、世界無形文化遺産への認定は、同時に、絶滅危惧種に認定されたことを意味しているからなのです。

私たちは、手漉き和紙の技術が、滅びていく可能性があるからこそ保護しなければいけないのだという再認識をして、その継承に、危機感を持って取り組まなければいけないのです。

一方で、近年、女性の時代と言われて、女性が活躍できる社会となっていますが、私は、多少の違和感を覚えます。

能力がある女性だから会社の重役にするということならわかるのですが、企業において女性を数パーセント重役にしなければいけないというのは、少し無理があるのではないでしょうか。

しかしながら、女性がその能力を発揮できる時代、活き活きと働く女性が増えたことについては、頼もしい限りだと思っています。

私が仕事を始めた当初は、バブル時代。

いったん企業に就職をしたら、女性は寿退社（結婚を機に退職）が当たり前、男性は終身雇用が当たり前という時代でした。

それから三十年ほどの間に、スキルアップや自分探しと言いながら、数ヶ月や数年で職業を替えたり、定職に就かない若者が増えてしまいました。

そのような時代、きつい、厳しい、辛いといわれている日本のものづくりはどうなってしまうのでしょうか。

若い人から敬遠されがちなイメージの裏には、「無」から「有」を生み出す楽しさや、手を動かすことによって発見できる形状の面白さ、人と自然との対話から生まれる偶然性の美しさを感じとることができる、素晴らしい世界が拡がっているのです。

私は、作品や言葉を通して、日本のものづくりの素晴らしさや可能性、日本人の美学を、次世代や世界へと、命のある限り伝えていきたいと思っています。

私の仕事に対する考え方や生き方は、仕事を始めてから二十八年の間、まったく変わっていません。だから、講演会や取材では、どうしても同じ話をすることになってしまっています。

今回、『挑戦のススメ』をまとめるにあたり、自分自身も、また新たな挑戦をしなければという思いを、改めて感じることができました。

日々、小さな挑戦をしているものの、いつのまにか固定概念にとらわれていないか、自分自身を小さな枠の中に閉じ込めてはいないか、という検証をする良い機会を与えていただきました。

これまでの創作活動には、たくさんの素晴らしいご縁をいただいています。

和紙の事業部を立ち上げて支援をしてくださった呉服問屋の故・小田憲社長をはじめ、長年にわたり、お世話になっている産地の職人さん、応援をしてくれた建築家の先生方や、私に数々の要望をくださった発注者の皆さま。

いつも相談にのって勇気を与えてくれる友人たち、苦しみも喜びも共に分かち合ってくれている弊社のスタッフ、そして、いつも静かに見守っていてくれる母。そのすべての素晴らしい数々のご縁を改めて振り返り、感謝の思いでいっぱいです。

出版にあたり、ディスカヴァー・トゥエンティワンの干場弓子さんには、たいへんお世話になりました。ディスカヴァー・トゥエンティワンの皆さま、ならびに出版のためにお力を貸してくださった関係者各位、読者の皆さまに、改めてお礼を申し上げます。

堀木エリ子

二〇一六年　年の初めに

堀木 エリ子

株式会社 堀木エリ子&アソシエイツ 代表取締役。「建築空間に生きる和紙造形の創造」をテーマに、2700×2100mmを基本サイズとしたオリジナル和紙を制作。和紙インテリアアートの企画・制作から施工までを手掛ける。

略歴

1962 京都生まれ
1987 SHIMUS 設立
2000 株式会社堀木エリ子&アソシエイツ設立

作品展（プロデュース）

1988 内田繁・鹿目尚志・喜多俊之・葉祥栄が創る和紙造形展
1991 伊東豊雄・杉本貴志・竹山聖とSHIMUS 和紙展
2009 美濃和紙の里会館　開館15周年記念イベント「和紙とあかり展」

作品展（出品）

1988 粋の構造展（東京／西武池袋本店スタジオ5）
1991 フィンランド巡回和紙展（フィンランド／民芸工芸博物館他）
1992 アビターレ・イル・テンポ・ヴェローナ国際家具見本市（イタリア／ヴェローナ）
1993 「Japanisches Licht」展（ドイツ／フランクフルト・メッセ）
1994 「Autonoom Licht」展（オランダ／クンストハール美術館）
1996 「Paper Road」展（デンマーク／ナショナルミュージアム）
1997 「WEED」展（和歌山／和歌山県立美術館）
1998 「柔らかなスクリーン」展（東京／東京デザインセンター ガレリアホール）
1999 「進化する和紙」展（東京／銀座三越8階ギャラリー）
2000 「サローネ・デル・モービレ」部屋と秘密展（イタリア／ロトンダ・デラ・ベサーナ）
「ハノーバー国際博覧会日本館」ランタンカー螢制作（ドイツ／ハノーバー）
2001 「JAPAN DESIGN nouvelle génération」展（フランス／パリ）
2003 「Japó, tradició i futur」展（スペイン／バルセロナ）
「和空（WA-Qu）」展（イタリア／ミラノ）
2004 和紙と光のアート展 堀木エリ子の世界（東京／パナソニック 汐留ミュージアム）
2005 「Wings of Love」展（インド／ムンバイ）
花灯路（はなとうろ）～灯りと花の路～（京都／東大谷祖廟参道）
2006 「Lacquer&Paper」展（イギリス／ロンドン）
2007 「堀木エリ子展～二枚の和紙による空間」（東京／ギャラリー ル・ベイン）
巡回展覧会「堀木エリ子の世界展～和紙から生まれる祈り～」（横浜／そごう横浜店）
2008 巡回展覧会「堀木エリ子の世界展～和紙から生まれる祈り～」（大阪／そごう心斎橋本店）
「愛でるあかり」展（東京／ブシュロン銀座）
2009 巡回展覧会「堀木エリ子の世界展～和紙から生まれる祈り～」（山口／山口県立美術館）

2010 「KANHIKARI ART EXPO 2010」（京都／清水寺経堂）
2011 ミラノサローネ ユーロルーチェ「Baccarat Highlights」（イタリア／ミラノ）
2012 「堀木エリ子展〜和紙から生まれる祈り〜」（東京／スパイラルガーデン）
2013 堀木エリ子の「しつらえのカタチ」展（京都／ぎゃらりい思文閣）
2015 展示×保管「祈り」〜 Pray for Serenity 〜（東京／寺田倉庫）

舞台美術 会場構成

1999 「ヨーヨー・マ シルクロードプロジェクト」舞台美術（N.Y.／カーネギーホール他）
2005 ラファエル・アマルゴ「ドン・キホーテ」舞台美術（スペイン／オペラ座）
2010 「上海万国博覧会日本産業館」誕生の軌跡／会場構成（中国／上海）
「名家の逸品〜礼の家・宴の美〜」会場構成（東京／ホテルオークラ東京）
「五木ひろし特別公演」舞台美術（東京／明治座）
「TAKE ACTION FOUNDATION ANNUAL CHARITY GALA 2010 in KYOTO」
会場空間演出（京都／智積院・ハイアットリージェンシー京都）
「西本智実 in 南座 ジルベスターコンサート大晦日大演奏会」舞台美術（京都／南座）
2011 「五木ひろし 歌・舞・奏 NEW YEAR スペシャル」舞台美術（大阪／新歌舞伎座）
「名家の逸品〜母から娘へ〜」会場構成（東京／ホテルオークラ東京）
「TAKE ACTION CHARITY GALA 2011 with lenovo.」和紙制作（大阪／ザ・リッツカールトン大阪）
2012 「名家の逸品〜真朱の夜明け〜」会場構成（東京／ホテルオークラ東京）
「Whitebook Charity Gala 2012 〜響宴〜」和紙演出（京都／東福寺）
2013 「MIDLAND SQUARE 6th Anniversary」アートワーク（愛知／ミッドランドスクエア）
「'13 食博覧会・大阪」メインモニュメント／和紙サクラシアター（大阪／インテックス大阪）

著書

「和紙の光景 - 堀木エリ子と SHIMUS のインテリアワークス」（日経BP社）
「ERIKO HORIKI - Washi in Architecture - 」（スペイン／トリアングラ・プスタルス社）
「和紙のある空間 - 堀木エリ子作品集」（株式会社エー・アンド・ユー）
「堀木エリ子の生きる力〜ソリストの思考術」（六耀社）

受賞歴

2001 日本建築美術工芸協会賞（社団法人日本建築美術工芸協会）
2002 インテリアプランニング 国土交通大臣賞（財団法人建築技術教育普及センター）
あけぼの賞（京都府）
2003 日本現代藝術奨励賞（財団法人日本文化藝術財団）

ウーマン・オブ・ザ・イヤー2003（日経ホーム社出版「日経ウーマン」）
女性起業家大賞（全国商工会議所女性会連合会）
2006 SDA賞／サインデザイン優秀賞（社団法人日本サインデザイン協会）
2009 「Joie de Vivre（いのち華やぐ）」賞（C.I.V.C. 日本事務局）
2011 京都創造者賞／アート・文化部門（京都創造者大賞顕彰委員会）
2012 The Trebbia European Award for Creative Activities for 2012（TREBBIA財団／チェコ共和国）

インテリア
（抜粋）

1989 「下呂温泉 水明館臨川閣」フロント額装・ロビーラウンジ壁装
1990 「歌舞伎座東新館ギャラリー『皀』『洗心』」光壁
1991 「西武池袋本店6F 染色サロン」タピストリー
1992 レストラン・バー「雪月花（東京）」エントランス　光壁
「大樋ギャラリー」展示室　天井照明
1993 イベントホール「サッポロファクトリー」ホール　パーティション
「伊香保温泉 白雲閣」孔雀の間　光壁
1994 「奥阿賀ふるさと館」灯り・和紙ボックス　企画・展示作品
「四季彩一力」エントランスモニュメント・天井照明他
「美濃和紙の里会館」展示室パーティション
1995 「ホテルセントノーム京都」エントランス光壁
バー「雪月花（京都）」光壁
香港ペニンシュラホテル「今佐」パーティション
「NTT武蔵野VI&P総合実験室」パーティション
1996 「とちぎ健康の森」エントランス光壁
神戸ハーバーランド「情報文化ビル」応接室　天井照明
「東京都豊島合同庁舎分室」玄関シャッター光壁
「鳥羽シーサイドホテル」エレベーター扉
1997 「酒田市美術館」エントランス　パーティション
「大阪城　天守閣」展示室パーティション
ホテルグランヴィア京都「レストラン　ラ・フルール」ライトオブジェ
細見美術館「カフェキューブ」タピストリー
1998 「北九州メディアドーム」貴賓室　光壁
「米子コンベンションセンター」貴賓室　光壁

「成田国際空港第一ターミナル」北ウイング到着ロビーライトキューブ

1999 「メルパルク KYOTO」エントランス光壁・ライトオブジェ他

「仙台文学館」展示室廊下光壁

「神戸中央郵便局」エントランス光壁・階段タピストリー

「KKR ホテル博多」エントランスライトオブジェ・カフェ光壁

2000 「武雄市図書館・歴史資料館」エントランス光天井

万博公園「迎賓館」エントランス光壁・ホール光天井他

「キャンパスプラザ京都」外壁他

「オムロン京都センタービル」ロビー／エレベーターホール光壁他

2001 「SHIMUS リビング」ショップ企画内装・商品開発

「善き牧者愛徳の聖母修道会本部修道院」タピストリー（一般非公開）

2002 「上野原縄文の森展示館」エントランスホール　ドーム　天井オブジェ

「広島県五日市斎場」炉前ホール、収骨室、光天井、パーティション

2003 「資生堂ビューティーサルーン　椿山荘店」エントランスタピストリー

「米子全日空ホテル」エントランス光壁

JR京都駅「ワコールアート看板」

2004 「ヒルトン大阪」ライトオブジェ

「東京大学　総長室」光天井

ホテル「テラス ザ ガーデン水戸」セレモニーホールタピストリー

「NTT コミュニケーションズ」エントランス光壁、タピストリー他

「BENIHANA サンフランシスコ」天井照明

2005 「淑徳与野中学校」天井シェード、タピストリー、パネル

「そごう心斎橋本店」B1F、1F、14F吹き抜け部アートワーク

「日本生命横浜本町ビル」エントランス光壁

「山中温泉 花紫」レストラン光壁、光柱、タピストリー

2006 「JA 共済幕張研修センター」1～3F光柱・1Fロビーライトオブジェ

「成田国際空港第一ターミナル」南ウイング到着ロビー 和紙モニュメント

2007 「東京ミッドタウン」ブリッジ光壁

「千代田区新庁舎」タピストリー・光壁 他

「ニューヨーク髙島屋」エントランス ライトオブジェ

「グランドプリンスホテル新高輪」廊下照明

鎌倉「宗達」光梁

2008
「ザ・ペニンシュラ東京　ザ・ペニンシュラスパ by ESPA」光天井・光壁他
「井上眼科病院」ロビータピストリー
「名古屋市信用保証協会」エントランス光壁
「在日フランス大使館　大使公邸」パーティション
「Turandot 游仙境　横浜店」タピストリー・光壁・間仕切りパネル

2009
「いかや銀兵衛」ヒルトピア地下1階　光壁
「西村あさひ法律事務所」エントランス光壁
「成田空港高速鉄道線　成田空港駅・空港第2ビル駅」光ゲート和紙アートワーク

2010
「ロッテシティホテル錦糸町」フロント・エレベーターホール光壁
「マザックアートプラザ」エントランス光壁
「パシフィコ横浜」エントランス光壁
「HANA 吉兆」エントランス光壁
「kunio tokuoka, クロックフォード・タワー店／シンガポール」メインダイニング光壁
「上七軒歌舞練場」緞帳
「養老軒本店」光壁・光柱他
「京料理　萬重」タピストリー
「GION-NITI」光壁
「京都リサーチパーク9号館」ライトオブジェ
「東京アメリカンクラブ」タピストリー、ライトオブジェ
「光華女子学園」創立70周年記念棟聞光館　エントランス天井ライトオブジェ

2011
「SSJ 品川ビル」エントランスタピストリー
「ITOH DINING by NOBU」VIP ルーム天井照明、バスルーム光壁
「シーボン・パビリオン　フォーラム」光柱
「お茶の水・井上眼科クリニック」光壁・ライトオブジェ
「ブランシエラ吹田片山公園」エントランス光壁
「ブランシエラ浦和」エントランス光壁
「太閤園」オーキッドテラス　高砂光壁
「オムロン ヘルスケア」新社屋ラウンジルーム光壁
「京都府立医科大学付属病院」ロビー天井ライトオブジェ等

2012
「genten　フィレンツェ店」光柱・光テーブル・ライトオブジェ
「ダイワロイネットホテル京都四条烏丸」フロント光壁

ソウル日本食レストラン「魚」光壁
「マールブランシュ京都北山本店」光天井
「北海道大学陽子線治療施設」タピストリー
「マリントピアリゾート　日置浜ヴィラ」内装設計・光壁

2013 「オリーブ ベイ ホテル」バー内装設計・光壁他
「京都府立医科大学付属北部医療センター」光柱他
「東京都健康長寿医療センター」光天井
「宗家 源吉兆庵岡山本店」外壁、光柱他
「UCC コーヒー博物館」光柱

2014 「パークシティ武蔵小杉 ザ グランドウィングタワー」光柱、光壁
「トラスコ中山　東京本社」光壁
「京湯元　ハトヤ瑞鳳閣」フロント光壁
「三進煙石コミュニティーセンター　緑正館」光天井・光壁
「熊魚菴　たん熊北店　ホテルニューグランド店」内装設計・光壁・パーティション・障子等

2015 「特別養護老人ホーム　やすらぎの杜」エントランス光壁・天井照明
「淑徳与野高等学校」礼拝堂天井照明
「西葛西・井上眼科病院」エントランス光壁
「新・都ホテル」エントランス光壁
「京都駅ビル The CUBE」11Fグルメ街光天井・光壁
「肥後銀行　本店」エントランスパーティション
「天橋立ターミナルセンター」光壁・ライトオブジェ
「CLUB HARIE B-studio 京都髙島屋店」光壁・天井ライトオブジェ等
「JP タワー名古屋」2階歩行者通路光壁
千代田区高齢者サポートセンター「かがやきプラザ」タピストリー、天井照明等
「伊勢神宮外宮参道」屋外行燈
「京都府立医科大学　大学本部棟」空間コーディネイト、光壁他

写真クレジット（順不同）

松村芳治
P45、P56-57、P79、P101、P157、P192-193

市川かおり
口絵 P1

日向俊郎
口絵 P3 下

淺川 敏
口絵 P2 ／ P3 上／ P4、P106-107、P166-167、P171

三浦憲治
P115（2 枚とも）

西林 真
P183

堀木エリ子＆アソシエイツ
カバー、P69、P73、P84-85、P91、P138-139

挑戦のススメ

伝統の手漉き和紙を革新し世界に発信する　堀木エリ子の仕事論

発行日　2016年1月30日　第1刷

Author　堀木エリ子
Book Designer　山本知香子

Publication　株式会社ディスカヴァー・トゥエンティワン
〒102-0093　東京都千代田区平河町2-16-1 平河町森タワー11F
TEL 03-3237-8321（代表）　FAX 03-3237-8323　http://www.d21.co.jp

Publisher & Editor　干場弓子

Marketing Group
Staff
小田孝文　中澤泰宏　片平美恵子　吉澤道子　井筒浩　小関勝則　千葉潤子
飯田智樹　佐藤昌幸　谷口奈緒美　山中麻吏　西川なつか　古矢薫　米山健一
原大士　郭迪　松原史与志　蛯原昇　中山大祐　安永智洋　鍋田匠伴　榊原僚
佐竹祐哉　廣内悠理　安達情未　伊東佑真　梅本翔太　奥田千晶　田中姫菜
橋本莉奈　川島理　倉田華　牧野類　渡辺基志

Assistant Staff
俵敬子　町田加奈子　丸山香織　小林里美　井澤徳子　藤井多穂子　藤井かおり
葛目美枝子　竹内恵子　清水有基栄　小松里絵　川井栄子　伊藤香　阿部薫
常徳すみ　イエン・サムハマ　南かれん　鈴木洋子　松下史

Operation Group
Staff
松尾幸政　田中亜紀　中村郁子　福永友紀　山﨑あゆみ　杉田彰子

Productive Group
Staff
藤田浩芳　千葉正幸　原典宏　林秀樹　三谷祐一　石橋和佳　大山聡子　大竹朝子
堀部直人　井上慎平　林拓馬　塔下太朗　松石悠　木下智尋　伍佳妮　賴奕璇

Printing　共同印刷株式会社

ISBN978-4-7993-1834-8　